MACARENA ARNÁS

Las FIRMAS *de* NAPOLEÓN, STALIN, HITLER, ELVIS...
y otras historias de la
GRAFOLOGÍA

Por su forma de escribir los conoceréis

Arcopress • Memorias y biografías
Dirección editorial: Pilar Pimentel
Editora: Ángeles López
Correctora: Mónica Hernández
Diseño y maquetación: Fernando de Miguel

www.editorialalmuzara.com
pedidos@almuzaralibros.com - info@almuzaralibros.com

Editorial Almuzara
Parque Logístico de Córdoba. Ctra. Palma del Río, km 4
C/8, Nave L2, nº 3. 14005 - Córdoba

Imprime: Black Print
ISBN: 978-84-10521-83-4
Depósito Legal: CO-694-2024
Hecho e impreso en España - *Made and printed in Spain*

A mis abuelos, porque escuchando sus batallas he aprendido todo lo que no nos cuentan los libros de historia. Gracias por ser ejemplo de sabiduría, dedicación y cariño.

A mi hermana Laura, mi mayor correctora y protectora. Gracias por caminar siempre conmigo.

A todos aquellos que se han atrevido a mandarme sus escritos para escribir este libro. Gracias por vuestro interés e inquietud.

A todos los que siguen escribiendo a mano en un mundo tan digitalizado.

Índice

Prólogo

M acarena y yo coincidimos hace años en un máster en comunicación. Y como la comunicación es una disciplina muy amplia y las dos somos muy curiosas y aplicadas, la vida nos ha llevado por caminos distintos (a la par que complementarios). Y aquí estoy yo, que me dedico a investigar y escribir sobre historia y protocolo, redactando el prólogo de su nuevo trabajo sobre grafología. Pero mi participación en *La firma de Napoleón, Stalin y otras historias de la Grafología. Por su forma de escribir los conoceréis* no queda aquí. Qué va. Yo, si me implico, me implico. Cuando Macarena me habló de su proyecto de «salseos grafológicos de todos los tiempos», supe que alguno de los textos, documentos y firmas que iba encontrando en mis investigaciones le iban a resultar muy interesantes. Así que me he pasado un añito bien entretenida mandando escritos por *WhatsApp* a mi amiga. Por ella, para colaborar en su libro; y por mí, para conocer mejor a los personajes históricos sobre los que escribo. Porque Macarena sabe mucho y lo explica muy bien. De hecho, en época de exámenes, estoy a puntito de adquirir un TOC porque me da por analizar la letra de mis alumnos cuando corrijo. Menos mal que la mayoría de los trabajos se entregan a través de la plataforma virtual de la universidad (nunca pensé que diría esto).

El caso es que enseña tanto que, yo si fuera ella, pensaría muy bien cómo escribo las dedicatorias de ejemplares de esta obra para no arriesgarme a análisis grafológicos imprevistos de los lectores.

Mentira, que analicen lo que quieran sin miedo; que van a encontrar una escritora talentosa, creativa, trabajadora, rigurosa, perfeccionista y con mucho futuro. Lo digo yo, que fui su profe y conozco estupendamente a mis alumnos. Por sus letras, obviamente.

Ana Fernández Pardo
Doctora en Comunicación y profesora
en la Universidad Complutense.
Autora del libro *Eso no estaba en mi libro de historia de la Casa Real Española.*

Introducción

Por su forma de escribir los conoceréis

Dicen que los grafólogos dejamos de leer para conocer la verdadera identidad que se esconde detrás de un manuscrito. La escritura va más allá de una simple palabra, es un reflejo de nuestra personalidad y todo ello podemos conocerlo a través de la Grafología.

La firma de Napoleón, Stalin y otras historias de la Grafología. Por su forma de escribir los conoceréis, no es un libro canónico de psicografología, es una obra que se adentra en la parte más inherente del ser humano, profundizando en todas aquellas curiosidades grafológicas que, a lo largo de mi trayectoria, he comprobado que suscitan interés.

Son las firmas de aquellos personajes que cambiaron la historia, la verdadera personalidad de un monarca, un político, un criminal o un artista.

Los escritos que realizamos de manera inconsciente, la inseguridad que se maquilla con un simple tachón, el anonimato de un escrito, la complejidad de una falsificación o las cartas que anuncian un suicidio.

Las huellas gráficas de ayer y de hoy.

PRIMERA PARTE

Curiosidades grafológicas de ayer y de hoy

1

¿Qué es la grafología?

La escritura es la geometría del alma que se expresa físicamente.
(Platón)

Si tengo que ponerme purista, os diré que la grafología es una parte de la psicología que busca conocer el temperamento de una persona a través de la escritura. Pero para mí la grafología no es solo eso: es un camino que te permite reencontrarte, es el espejo del alma ilustrado en un simple papel.

Mi primer contacto con la psicografología fue con tan solo 10 años, a través de un libro que tenía mi tía. Aquella obra me parecía fascinante y a los pocos meses decidí pedir a los Reyes Magos un libro sobre la materia. Desde entonces, de la mano de las publicaciones de algunos grafólogos reconocidos como Augusto Vels, José Javier Simón y Matilde Ras fui conociendo todo lo que podía deducirse de la escritura. Estamos en una sociedad en la que el sistema educativo cae en el inmenso error de enseñar a memorizar, pero no a pensar ni a trabajar el autoconocimiento. Gracias a la grafología pude desentrañar aspectos de mi personalidad que hasta entonces desconocía, aprendí a leer el carácter de aquel profesor atormentado que escribía una nota en la agenda del colegio o aquel pariente que te felicitaba en una tarjeta de cumpleaños, pero apenas conocía.

Años más tarde, decidí estudiar dicha materia en el Instituto de Psicografología y Peritación de Madrid, y desde entonces no he dejado de interesarme y curiosear todos aquellos escritos que pasan por mi vida.

Algo que empezó siendo un *hobby* se convirtió en mi trabajo y, si hay algo que no deja de sorprenderme, es que cada escrito es único e irreversible.

El valor de la educación en la escritura. ¿Condicionan nuestra manera de escribir?

> *Se dice que las nuevas generaciones serán*
> *difíciles de gobernar. Así lo espero.*
> *(Alain)*

Nuestra escritura, así como algunos aspectos de nuestra personalidad están influenciados por nuestra cultura y educación. Por eso, uno de los rasgos que tenemos en cuenta a la hora de hacer un estudio grafológico es conocer el origen de esa persona y su edad.

El texto suele estar condicionado por factores culturales y educacionales, mientras que la firma es de ejecución libre y tiene menor influencia sociológica.

Cuando hablamos de cultura y tendencias a la hora de escribir, también hablamos de historia y de los primeros estudios grafológicos. Aunque el primer tratado de grafología surge en Bolonia en el año 1625, de la mano de Camilo Baldi, no es hasta 1871 cuando un sacerdote, teólogo y científico francés llamado Hipólito Michón, que propició la fundación de la Societé de Graphologie de París y acuñó el término grafología.

Desde entonces, Michón es considerado el padre de la psicografología y en honor a su nacimiento se celebra, el 21 de noviembre, el Día Internacional del Grafólogo.

En España destacó a principios del siglo xx la figura de la grafóloga y escritora tarraconense Matilde Ras, pero no es hasta 1975 cuando se crea la Sociedad Española de Grafología.

Por ello, solo es en la segunda mitad del siglo xx cuando las personas empiezan a adquirir conocimientos de psicografología y las letras

Escrito del año 1877 cuando nacen los primeros estudios grafológicos

pueden empezar a estar más condicionadas por los cuadernos de caligrafía que empiezan a tener auge a partir del año 1956.

En alguna ocasión me han preguntado si dichos cuadernos condicionan nuestra manera de escribir; mi respuesta es un sí rotundo. Principalmente en los primeros años de vida, ya que el simple hecho de decir a un niño cómo debe escribir, si su letra debe ser legible, ligada o curva estamos moldeando inconscientemente aspectos de su personalidad.

La historia y la cultura marcan diferentes tendencias, por eso quiero destacar el tipo de letra que predomina según la edad y la educación que marca una generación. Con esto no quiero decir que todos los *baby boomers* o *millenials* escriban igual, pero sí establecer diferentes similitudes que he podido apreciar a lo largo de mi trayectoria.

La escritura de la generación grandiosa (los nacidos entre 1901 y 1924)

Son los nacidos a principios del siglo xx, algunos fueron víctimas de la Segunda Guerra Mundial y, en España, muchos de ellos fueron partícipes de la guerra civil española.

A nivel sociológico, los expertos la definen como una generación resolutiva, con capacidad de adaptación, inquieta y crítica con el sistema de entonces.

En esta etapa, la sociedad experimentó profundos cambios a nivel económico y social tras el crecimiento de las comunicaciones y la aparición de la radio y el teléfono.

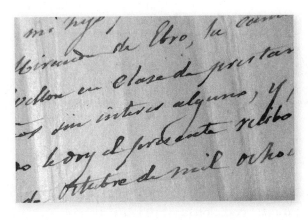

Escrito de principios del siglo xx ejecutado con pluma. Se aprecia una inclinación progresiva de las letras y predominio de escritura ligada, que refleja un carácter inquieto y sociable.

En los escritos de esta época he podido apreciar una letra estética y adornada, trazos ejecutados con pluma que se inclinan notablemente hacia la zona de la derecha.

Cabe destacar que escribían intelectuales y aquellos con mayor acceso a la educación y a la cultura.

La escritura de los niños de la posguerra (los nacidos entre 1925-1948)

Los niños de la posguerra sufrieron las consecuencias de la Guerra Civil y la Segunda Guerra Mundial. Es una generación donde predomina la constancia, el sacrificio y la austeridad. La mayoría tuvo carencias culturales, ya que muchos de ellos no pudieron aprender a leer o a escribir, otros sin embargo, lo hicieron a través de familiares o en plena posguerra.

Al no estar influenciados por el sistema educativo ha generado que el tipo de escritura sea más libre.

En los manuscritos de esta etapa predominan letras con menos psicomotricidad gráfica, pero con mayor autenticidad, prevalecen letras que oscilan hacia la zona de la derecha y cierta tendencia a prolongar los trazos hacia la zona inferior del papel.

Manuel 92 años.
Trazos que descienden
Los trazos que descienden
guardan relación con
todo aquello que podemos
percibir a través de los
sentidos más primarios y el
contacto con la realidad.

LA ESCRITURA DE LOS *BABY BOOMER* (LOS NACIDOS ENTRE 1949-1968)

Entre los años 40 y 60 España vivió un exceso de natalidad, donde nacieron los *baby boomer*, niños que se educaron durante el franquismo y que tuvieron una educación restrictiva en sus primeros años de vida. Sin embargo, también comienza el destape, el turismo del exterior, teniendo así mayor facilidad para encontrar trabajos estables.

Los sociólogos la definen como una generación sociable, ya que la mayoría proceden de familias numerosas y han jugado en las calles. Son ajenos a la tecnología y algo reacios a las redes sociales.

Los primeros cuadernillos de caligrafía aparecen en esta época, concretamente en el año 1959, sin embargo, conversando con muchos *boomers* he podido comprobar cómo la mayoría de ellos aprendieron

RUBIO

Escritura vertical

PERTENECE A **2**

Primeros cuadernillos Rubio.
Arriba, escritura de un hombre de 66 años. Las letras
se inclinan ligeramente a la derecha, predominan
formas curvas y angulosas.

a escribir sin la ayuda de estos cuadernillos, ya que la mayor parte se formó en colegios o escuelas religiosas con métodos diferentes a los que figuran en esos «apoyos» caligráficos, que prevalecerán en la enseñanza de las posteriores generaciones.

Las letras de esta generación tienen mayor variabilidad, se aprecian también diferencias más marcadas entre la escritura femenina o masculina, ya que niños y niñas solían educarse en colegios de un solo género y no era habitual la presencia de colegios mixtos.

Predomina la escritura progresiva, es decir, las letras se inclinan a la derecha, así como formas mixtas donde aparece el ángulo y la curva.

La generación X
(los nacidos entre 1969 a 1984)

Se suele decir que es una generación que ha vivido mayor libertad y que ha tenido las mejores oportunidades laborales.

Los estudios sociológicos les definen como ambiciosos, amantes del ocio nocturno, con buenas posibilidades en el mercado laboral en sus inicios y grandes devoradores de cine y televisión. Comenzaron a experimentar los primeros videojuegos y ordenadores y muchos de ellos empezaron a convivir sin casarse.

Escritura de Isabel 49 años.
Las letras tienen un trazo firme y
predominan las formas curvas.

Sin embargo, es la generación que peor se ha adaptado a las crisis económicas y a los cambios sociales.

La mayoría de ellos aprendieron a escribir con los cuadernillos Rubio, donde dominaban formas curvas y presión fuerte de las letras, es decir, presionan más el bolígrafo a la hora de escribir.

Aparecen menos diferencias entre la escritura masculina y femenina tras la presencia de los colegios mixtos.

La escritura de los *millenials* (los nacidos entre 1985-1995)

Los *millenials,* o también llamados «generación perdida», se caracterizan por no amoldarse al estilo de vida tradicional de las generaciones anteriores, principalmente en el ámbito laboral. Son amantes de la tecnología y la mayoría de ellos posee estudios superiores.

Han crecido en pleno auge económico y durante su niñez han tenido mayores oportunidades para estudiar y viajar. Sin embargo, a pesar de ser una generación preparada ha tenido trabajos inestables y con peores condiciones económicas que sus progenitores, ya que su juventud ha estado marcada por la crisis económica y los cambios en el mercado.

Los sociólogos les definen como emprendedores y pioneros en trabajos relacionados con el mundo digital, donde aparecieron los primeros *influencers* o *community managers*. Tienen capacidad de adaptación, aunque también se les ha catalogado como poco comprometidos, individualistas y desafiantes.

Su grafía predomina por tener amplia psicomotricidad gráfica, predominio de formas curvas y legibles. Aparece también cierta mezcla con grafía que proceden de otras culturas porque muchos han estudiado y expandido sus conocimientos fuera de su país.

Existen pocas diferencias entre la escritura masculina y femenina, ya que la gran mayoría ha estudiado en colegios mixtos.

Escritura de una mujer de 32 años. Se puede apreciar el predominio de la forma curva y legible

LA ESCRITURA DE LOS *CENTENNIALS* O GENERACIÓN Z (NACIDOS ENTRE 1996 Y 2012)

Es la generación que está conectada con Internet desde su niñez. Su manera de relacionarse, aprender e informarse gira en torno a las nuevas tecnologías y las redes sociales. El predominio y uso mayor de la tecnología les ha hecho ser una generación más casera y menos sociable.

Los últimos estudios revelan que es un grupo que presenta mayor dificultad para profundizar, ya que su manera de informarse es a través de la inmediatez de las redes sociales, son visuales y multitarea.

Muchos de ellos han decidido no acceder a estudios superiores tras observar la precariedad de los trabajos de los *millenials*. Tienen una visión más pesimista hacia el futuro por crecer en plena recesión económica y les interesan las profesiones relacionadas con la tecnología como *youtubers* o *influencers*. Son pragmáticos, digitales y más ahorradores que los *millenials*, ya que su infancia ha estado marcada por la recesión económica y han visto la escasez de trabajo en generaciones anteriores.

Su escritura se caracteriza por tener mayor espontaneidad gráfica pero menos psicomotricidad. El uso de la tecnología ha hecho que muchos de ellos pierdan el hábito de escribir a mano, sin embargo, se han interesado por el uso de *lettering* y simular letras parecidas a las que aparecen en los medios digitales.

Escritura de una mujer de 23 años. Su grafía posee cierta estética con formas mixtas y letras inclinadas a la derecha que definen una personalidad inquieta y con genio. Algo habitual en dicha generación, por vivir conectados a la cultura de la inmediatez

El género en la escritura. ¿Por qué se sigue diciendo tienes letra de chico o de chica?

Para la mayor parte de la historia «Anónimo» era una mujer.
(Virginia Woolf)

A lo largo de la historia, hombres y mujeres han sido educados de manera distinta; ellos tenían mayor acceso a la educación y ellas menos derechos para poder formarse e incorporarse al mundo laboral. Y esas diferencias también se establecían en la manera en la que les enseñaban a escribir.

En España, el auge de la religión en los colegios ha generado un modelo de educación desigual, ya que se estudiaba en colegios de chicos o de chicas, lo que se traduce en colegios de monjas o de curas.

Todas estas diferencias han marcado una disparidad en las grafías, principalmente en la escritura de los niños de la posguerra, los *baby boomers* y en menor medida en la generación X.

La evolución de la sociedad ha hecho que cada vez se establezcan menos distinciones a la hora de educar a un niño o a una niña y, como consecuencia, también en la manera en la que les enseñan a escribir.

Lo curioso es que, a la escritura femenina muchas personas la siguen relacionando con trazos curvos, a diferencia de la letra masculina que se relaciona con trazos angulosos.

La forma de la letra es un parámetro que está bastante condicionado por la cultura y la manera en la que nos han enseñado a escribir y mientras la curva se identifica con la sensibilidad y la dulzura, el ángulo se asocia con agresividad y raciocinio. Por lo tanto, de algún modo el sistema pretendía potenciar la sensibilidad en las mujeres y la racionalidad en los hombres, y por ello inconscientemente todavía asociamos la letra curva a lo femenino y el ángulo a lo masculino.

Tampoco debemos olvidar aquellos escritos que fueron redactados por mujeres que se escondían detrás de un anónimo, esos poemas o fragmentos que marcaron un antes y un después en nuestra cultura y donde, curiosamente, predominaban formas curvas.

Sin lugar a dudas, el caso más destacado de la historia es el de la escritora Jane Austen, que publicó en 1861 su obra *Sentido y sensibilidad* con la autoría «By a Lady» —Por una Dama—, donde deja constancia que aquel anónimo era de una mujer, porque sabía que el hecho de firmar con su nombre le iba a generar serios problemas.

Jane Austen

Firma de Jane Austen

Jane es considerada una de las primeras novelistas inglesas; muchos la conoceréis por su novela *Orgullo y prejuicio* donde da protagonismo a la mujer, algo poco habitual en aquel entonces.

En sus obras se puede apreciar su carácter irónico e inteligencia; rasgos que también se aprecian en su escritura.

Y retomando la cuestión grafológica, aunque sigamos escuchando la famosa frase «tienes letra de chico o de chica», la realidad es que escritura no tiene género, a pesar de querer condicionarnos a lo largo de la historia.

Ojalá estos renglones sirvan para conocer aquella desigualdad a modo anecdótico y observemos cómo es la escritura de una persona, independientemente de su sexo.

¿EN QUÉ PARÁMETROS NOS FIJAMOS LOS GRAFÓLOGOS CUANDO ANALIZAMOS UN ESCRITO?

Toda escritura es un viaje de descubrimiento.
(Nadine Gordimer).

Dicen que los grafólogos dejamos de leer el contenido de un documento para observar movimientos o trazos que una persona realiza mientras redacta, y lo cierto es que cuando contemplamos un escrito nos fijamos en todos aquellos parámetros de la escritura que, sin quererlo ni buscarlo, hablan de nosotros.

Cuando analizamos un manuscrito debemos apreciar todo al detalle porque el escrito en su conjunto nos dará la información necesaria para poder conocer a una persona a través de su letra.

En mi libro *Lo que revela tu escritura* explico en profundidad todo lo que aquellos parámetros dicen de nosotros; a continuación os explicaré de forma resumida la información que nos aporta cada uno de ellos, para que así podáis comprender los análisis de diferentes personajes que trataré en los próximos capítulos.

Los parámetros de la escritura en los que nos fijamos son:

EL TAMAÑO DE LA LETRA. En grafología el tamaño importa y mucho, ya que nos aporta información sobre la extroversión o introversión de una persona, la autoestima y su manera de relacionarse con el entorno.

Pero no solo vamos a tener en cuenta el tamaño de la letra, también observamos la dimensión de los pies y crestas de las letras, es decir, la prolongación de las mismas hacia la zona inferior o superior.

Todo ello nos indica si la persona es más creativa y espiritual o si, por el contrario, está más conectada con la parte terrenal.

Una letra que nos sirve para comprender el significado de los pies o crestas de las letras es la «f» minúscula que se compone de pies y crestas.

Las crestas de las letras situadas en la zona superior del papel se relacionan con la creatividad, las ideas, la imaginación y la espiritualidad. Los pies, por el contrario, al estar ubicados en la zona inferior se asocian con aquello que podemos ver a través de los sentidos más primarios, es decir, con el comer, el beber, el dinero, la creatividad del tipo plástica, el sexo y lo tangible.

En conclusión, si en un escrito el tamaño de las crestas es mayor, la persona es más espiritual y si los pies son grandes podremos decir que la persona es más terrenal y disfrutona.

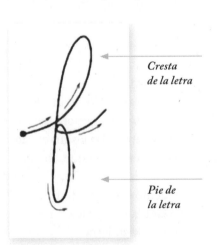

Cresta
de la letra

Pie de
la letra

LA PRESIÓN DE LAS LETRAS. Es el hecho de apretar más o menos el bolígrafo a la hora de escribir nos aporta información sobre el estado de salud y la fortaleza física y espiritual de una persona.

Una presión fuerte, es decir, cuando la persona aprieta el bolígrafo a la hora de escribir, indica buena salud, terquedad, constancia y en algunos casos rabia. Por el contrario, una presión fina o con temblores, manifiesta mayor debilidad, sensibilidad, inconstancia y a veces puede alarmarnos sobre problemas físicos.

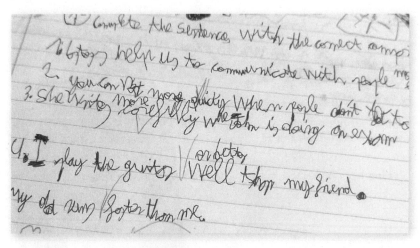

Escritura de un niño de 11 años donde se pueden apreciar letras más presionadas que otras. Esta variabilidad en la presión refleja inestabilidad y rabia

LA INCLINACIÓN DE LAS LETRAS. La inclinación mide la oscilación de las grafías y nos aporta valor sobre la afectividad, es decir, la expresión de las emociones, si somos más cariñosos y pasionales o más fríos y reservados.

A mí personalmente, es un parámetro que me gusta observar cuando analizo la compatibilidad de una pareja, ya que nos habla del lenguaje emocional y de cómo expresamos nuestros sentimientos.

Para apreciar la inclinación debemos observar si la letra oscila hacia la zona de la izquierda, la derecha o el centro:

—Si las letras oscilan hacia la zona de la izquierda refleja reserva, apego al pasado y timidez.

—Si las letras se encuentran centradas simboliza control y contención para expresar las emociones.

—Si las letras oscilan a la zona de la derecha indica pasión e impulsividad.

Para que lo entendáis de manera ilustrativa, os expongo la firma del actor Charles Chaplin, el artista que adquirió gran popularidad en el cine mudo interpretando al personaje Charlot a principios del siglo xx.

Charles Chaplin y su firma.
Las letras se inclinan a la derecha

En su firma, como podéis apreciar, inclinaba las letras hacia la zona de la derecha y no sé a vosotros, pero a mí al leerle casi me da tortícolis; pues bien, este tipo de inclinación refleja un carácter afectivo, con dotes de liderazgo y expresivo a nivel emocional.

Su escritura revela el carácter emprendedor y luchador que destacó ante el escenario, así como la impaciencia y capacidad de improvisación.

Algunas fuentes cuentan que sufrió depresión nerviosa y lo cierto es que su letra rápida y excesivamente inclinada también se suele dar en sujetos que tienden a padecer mayores crisis de ansiedad.

LA COHESIÓN DE LAS LETRAS. Consiste en la continuidad de las letras, si están ligadas o desligadas.

Es uno de los parámetros que está menos condicionado por la educación y la cultura gráfica y nos aporta muchísima información sobre nuestro pensamiento, la manera en la que sociabilizamos, el grado de adaptación al entorno y el predominio de la lógica o la intuición. Podemos encontrarnos varios supuestos:

—Cuando las letras están unidas se asocia a un carácter sociable, aunque también pueden pecar por exceso de dependencia, así como un tipo de pensamiento lógico o racional.

—Cuando las letras se encuentran desligadas, simboliza un carácter independiente y con predominio de intuición.

—Cuando nos encontramos una cohesión variable, es decir, la persona tiene en una misma palabra letras ligadas y desligadas, simboliza que es versátil y se relaciona de un modo u otro, dependiendo del entorno en el que se encuentre.

Firma con letras desligadas que reflejan un tipo de pensamiento inductivo e independiente

LA FORMA DE LAS LETRAS. Es uno de los parámetros más visibles y condicionados por la cultura gráfica y consiste en observar la presencia de curva o ángulo en un escrito.

Como dato curioso, os diré que en España y en los países latinos tenemos mayor tendencia a realizar formas curvas, a diferencia de aquellos que proceden de la cultura anglosajona que suelen hacer letras en formas de palo. Pero esto es solo una generalidad, en grafología podemos encontrarnos de todo.

Y volviendo a la cuestión, la forma nos aporta datos sobre la carga emocional o racional; si la persona se deja llevar por el pensamiento o la emoción.

La curva se asocia a la inteligencia emocional, la sensibilidad y la cordialidad. El ángulo, por el contrario, se relaciona con la razón, la terquedad y la constancia.

Si predominan formas mixtas, es decir formas curvas y angulosas en un mismo escrito, nos encontraríamos con un equilibrio entre la parte emocional y racional.

Para que lo entendáis de una manera más ilustrativa, os muestro la firma de Walt Disney que, como se puede apreciar, se compone de formas curvas.

Walt Disney y su firma.
Forma curva e inclinación centrada

Walt Disney, con el que hemos crecido viendo sus numerosas películas, fue pionero en la industria de la animación, dibujante y visionario, hasta convertirse en un símbolo de la cultura norteamericana del siglo XX.

Su escritura con exceso de trazos curvos refleja que era una persona emocional y cordial, con capacidad para delegar en los otros y llevar a la práctica todo aquello que se proponía.

Una huella gráfica, donde queda latente su genialidad y capacidad para crear, ejecutar y liderar.

LA DIRECCIÓN DE LOS RENGLONES. Consiste en apreciar la dirección de los renglones de un escrito.

Es uno de los parámetros más variables, ya que está relacionado con el estado emocional de una persona en el momento que ha ejecutado el escrito.

Si la dirección de los renglones o la firma asciende hacia la zona superior, indica un estado emocional alegre y ambicioso, si por el contrario las letras descienden manifiesta tristeza y pesimismo.

Cuando la dirección oscila en varias direcciones refleja cambios de humor e inestabilidad emocional.

Vincent Price, autorretrato y firma
en dirección ascendente y una foto
suya de estudio dedicada

La firma de Price es un ejemplo de dirección ascendente.

Price destacó principalmente en películas de terror a mediados del siglo XX, y su firma es un tanto curiosa, ya que se puede apreciar que el escrito asciende notablemente, lo que refleja que era un hombre ambicioso y optimista. Dicha ambición le motivó para ser un gran estudiante y amante de la cultura, por lo que se formó también en Historia del Arte en la Universidad de Yale y posteriormente amplió sus estudios en la Universidad de Londres.

Muchos le catalogaron como altivo por su apuesta distinguida, pero si observamos su firma lo que se puede apreciar es exceso de estética, ambición y elegancia, así como el predominio de crestas que indican necesidad de adquirir conocimiento, creatividad y preocupación por la imagen que queremos proyectar a los otros. Quizás dicha inquietud, le llevó a ser poco espontáneo y aparentar una imagen más altiva de lo que realmente era.

LA VELOCIDAD DEL ESCRITO. Es un parámetro que nos indica la cantidad de palabras que una persona puede escribir en una unidad de tiempo. Nos aporta información sobre la tolerancia al estrés, el tipo de inteligencia del sujeto y su adaptación al entorno. Este parámetro tiene peso cuando se usa la grafología en selección de personal.

La escritura rápida refleja que la persona es activa y veloz en la toma de decisiones, sin embargo, la grafía que es más lenta se suele caracterizar por tener un carácter más meticuloso, reflexivo y detallista.

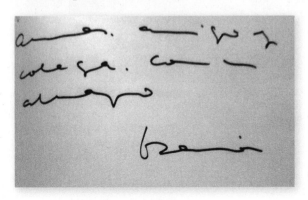

Escritura rápida del fotógrafo español Ramon Masats

Un ejemplo de escritura rápida es la de Ramón Masats, considerado por muchos uno de los mejores fotógrafos de España. Pertenece a la generación dorada de la fotografía española y ha destacado por su genialidad retratando los tópicos de la nuestra cultura.

Su escritura es tan rápida que va perdiendo forma y prolonga los trazos sin olvidar las puntuaciones, lo que revela agilidad y detallismo.

Trazos que describen el carácter inquieto, inteligente y activo de Masats, aptitudes necesarias para desarrollar su profesión, ya que no podemos olvidar que la fotografía nace de la inmediatez y para ello es necesario tener capacidad de improvisación.

No obstante, la grafología no es sota, caballo y rey; para hacer un buen estudio se deben analizar todos los parámetros de la escritura en su conjunto, que nos irán dibujando la personalidad del sujeto que estemos analizando.

Todo un trabajo que procuraré explicaros de manera divertida y didáctica en los próximos capítulos.

2

La grafología
y el inconsciente

¿SOMOS INCONSCIENTES CUANDO ESCRIBIMOS?

*Vivimos en una cultura que cree que, la mayor parte de todo lo que hacemos,
lo hacemos de forma consciente, y sin embargo, la mayor parte de todo
lo que hacemos, y lo hacemos mejor, lo hacemos de forma inconsciente.*
(John Grinder).

El inconsciente es esa puerta que permanece en nuestra mente y no siempre queremos descerrar, ya que contiene una valiosa información sobre nuestros miedos, deseos, sentimientos, impulsos y vivencias. Lo podemos abrir a través de numerosas llaves, como la meditación, los sueños y, como grafóloga que soy, te diré que también a través de la escritura.

El subconsciente juega un papel relevante en grafología, ya que no solo tenemos en cuenta los parámetros mencionados anteriormente, los grafólogos también observamos las zonas del papel e incluso aquellos huecos que permanecen en blanco, porque cuando escribimos comunicamos, pero también callamos.

Para desnudar el inconsciente, una de las cosas en las que nos fijamos es la colocación de la firma con respecto al texto.

39

Para ello, cuando imparto cursos o talleres, suelo realizar un ejercicio que consiste en escribir en un folio en blanco un pequeño texto y firmar. Al terminar, suelo encontrarme con amplia variedad de escritos donde algunos alumnos deciden firmar en la zona de la izquierda, la derecha o el centro, y al preguntarles las razones que les han llevado a ubicar la firma en una zona u otra no saben responder ya que, es en ese preciso momento, cuando el inconsciente habla de nosotros.

Os muestro un ejercicio de una de las alumnas donde se puede apreciar que la mujer ha escrito un pequeño texto y ha decidido escribir su firma de manera voluntaria en la zona de la derecha; el hecho de ubicarla en dicha zona indica necesidad de avance, un carácter pasional y poco arraigo al pasado. Algo similar, a lo que ocurre cuando inclinamos las letras hacia la zona de la derecha.

Mujer de 49 años que decide ubicar su firma en la zona de la derecha

Si, por el contrario, la firma aparece ubicada en la zona de la izquierda, simboliza apego al pasado, timidez y un carácter hogareño.

Os muestro un texto escrito, de puño y letra, por la princesa Leonor, la princesa de Asturias y primera en la línea de la sucesión al trono español. En este texto, escrito durante la jura de bandera de octubre de 2023, la princesa decide de manera voluntaria ubicar su firma en la zona de la izquierda.

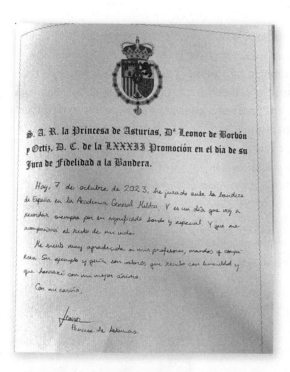

La ubicación de su firma refleja que tiene un carácter reservado, cauteloso, familiar y nostálgico.

Debemos tener en cuenta el contexto en el que ha realizado dicho escrito, ya que la grafología nos habla del momento presente, y no debemos olvidar que, con tan solo 17 años, aún estaba en proceso de formación y bastante condicionada por el entorno y la educación recibida.

Si por el contrario, la firma aparece ubicada en el centro, indica necesidad de equilibrio, control y objetividad en la toma de decisiones.

A los grafólogos nos gusta observar sin parar y, para desnudar el inconsciente, también ponemos atención en los finales del escrito, porque es cuando la mano se encuentra más relajada y hacemos trazos que, de manera involuntaria, hablan de nosotros.

Las zonas de la izquierda del papel al estar relacionadas con los inicios del manuscrito son las zonas más conscientes, porque la mano está más tensa y ponemos más atención a la estética de la letra o a aquello que queremos proyectar en el folio. Sin embargo, los finales y las zonas de la derecha son más inconscientes, porque la persona se encuentra más relajada y el escrito es más espontáneo.

Para que lo entiendan de una manera más clara, os muestro una carta de Frida Kahlo a Diego Rivera.

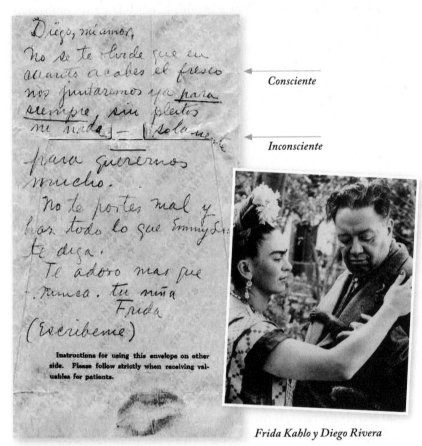

Consciente

Inconsciente

Frida Kahlo y Diego Rivera

Frida fue una pintora mexicana considerada como icono *pop* de la cultura de México. Su vida estuvo marcada por su hipersensibilidad, dolor y delicada salud tras sufrir un accidente inoportuno y someterse a más de 32 operaciones.

Dicho sufrimiento queda latente en sus obras, ya que se refugió en el arte para calmar su tristeza. La artista no solo pintaba, también escribía principalmente a su *crush* —como dirían hoy los que forman parte de la generación Z—, es decir, a su gran amor el artista Diego Rivera, con el que mantuvo una relación pasional y abierta cuando no estaba inventado el poliamor. Como no se podían mandar whatsapp, le escribió numerosas cartas de amor y odio, ya que su relación estuvo marcada por la pasión, la desesperación, la pérdida de un embarazo y el dolor.

En una de ellas, escrita de su puño y letra, se pueden apreciar sus cambios acentuados de personalidad y cómo cambiaba su letra entre la zona consciente e inconsciente del papel.

Si observan el manuscrito de la artista, se aprecia mayor contención en los inicios de la carta (la zona consciente); sin embargo, a medida que avanza el escrito (la zona inconsciente) el texto es más caótico, los párrafos descienden y la presión aumenta, es decir, aprieta más el bolígrafo a la hora de escribir.

Todo ello manifiesta que sentía rabia, tristeza e inestabilidad emocional, a pesar de querer aparentar contención y paciencia en los inicios del escrito.

Un escrito donde queda reflejada la necesidad de ser escuchada y liberar sus emociones, así como la hipersensibilidad y sufrimiento que Frida supo expresar a través de su arte.

¿POR QUÉ LA GRAFOLOGÍA SE RELACIONA CON EL OCULTISMO?

La mente intuitiva es un regalo sagrado y la mente racional es un fiel sirviente. Hemos creado una sociedad que rinde honores al sirviente y ha olvidado al regalo.
(Albert Einstein).

En las librerías es habitual encontrar libros de grafología en estanterías dedicadas al ocultismo. Lo cierto es que, a día de hoy, incluso entre los propios grafólogos se sigue debatiendo sobre si la grafología es una ciencia o una pseudociencia.

Y nos pese o no, por mucho que algunos grafólogos quieran defenderlo como ciencia por su efectividad y diversos usos, la realidad es que en España la Agencia Estatal de Investigación no lo reconoce en el listado oficial de áreas científicas; algo incongruente, porque ha sido respaldada por numerosos campos como en la justicia, la criminología y la psicología, considerándose como una parte dentro de la misma, ya que nos permite dictaminar aspectos psicológicos de una persona, en el momento que se ha ejecutado un escrito.

Por lo tanto, a través de la escritura conocemos el presente y no el futuro; también nos ayuda a trabajar el autoconocimiento, indagar en el inconsciente y conocer la actitud que tenemos ante la vida.

Ahora bien... ¿por qué se confunde con algo esotérico? En muchas ocasiones, los propios grafólogos se incomodan ante aquellas personas que asocian esta disciplina con las ciencias ocultas, algo que es lógico ya que, de algún modo, esa síntesis procede de falta de información.

A mí personalmente me gusta ir más allá y antes de juzgar prefiero indagar y entender por qué las personas tienden a asociarlo con el ocultismo.

La respuesta a la que he llegado después de observar y documentarme es sencilla a la par que compleja, ya que a través de la grafología puedes llegar a conocer a una persona sin necesidad de tenerla presente, y eso mismo ocurre con otras herramientas como la astrología, que era la antigua psicología y que también se basa en diversos estudios científicos que, por desgracia, algunas personas discriminan, principalmente, cuando las leyes lógicas que les han enseñado sobre el ser humano se les vienen abajo.

No obstante, aunque la grafología se pueda llegar a identificar con algo oculto y adivinatorio no es así, porque se basa en diversos factores racionales. El grafólogo observa, estudia y analiza, no adivina ni predice el porvenir. Pero si pretendemos orientarlo como una rama que permite desnudar el inconsciente o el conocimiento humano, sí se pueden apreciar similitudes con algunas herramientas que proceden de la parasicología o el ocultismo.

No podemos olvidar los testimonios de Carl Jung, psicólogo y psiquiatra de origen suizo, que encontró un refugio entre el esoterismo y la psicología, desafiando al pensamiento científico para ayudar a la humanidad a descifrar nuestra personalidad y encontrar respuestas a aquellos sucesos que la psicología científica no sabía argumentar.

A mi modo de ver, considero que un buen grafólogo, al igual que cualquier otro profesional, debe ir más allá de los parámetros puramente estructurales. Porque, cuando hablamos de escritura, hablamos de seres humanos y por ello la grafología no puede tratarse tampoco con exceso de frialdad y pragmatismo. Por eso, cuando veo un escrito tengo en cuenta la primera impresión que me transmite y después analizo de manera racional y detallada cada trazo que engloba cada letra.

Carl Jung

Esta metodología la uso tras una experiencia que viví hace años:

Estaba terminando el último curso de Pericia Caligráfica y nos pusieron un ejercicio para poder detectar si una firma era real o falsa. Tras observar aquellos manuscritos, si me basaba en el estudio estrictamente pericial y grafológico, se podría concluir que las firmas no eran falsificadas; sin embargo, algo me decía que necesitaba indagar en más escritos, porque se trataba de una imitación.

A los pocos días, después de estar varias horas dándole al coco, la profesora nos preguntó qué pensábamos, y fui la única que dije que se trataba de una letra simulada (al ver que ningún compañero de la clase me apoyaba pensé que iba a suspender). Sin embargo, me felicitó, porque realmente era así, ya que al parecer el falsificador tenía conocimientos de grafología, lo que le permitía realizar una estupenda falsificación.

Por lo tanto, aunque la lógica me decía una cosa, mi percepción estaba en lo correcto.

Desde entonces, antes de analizar una letra tengo en cuenta las primeras percepciones y después entro en el detalle exhaustivo, grafonómico y racional que engloba la grafología. Porque, creedme, la razón en ocasiones crea argumentos que la intuición deshace.

Las personas cambian cuando se dan cuenta
del potencial que tienen para cambiar las cosas.
(Paulo Coelho).

Estamos en constante cambio, de no ser así la vida sería francamente aburrida. Es sano cambiar de opinión, de conducta y modificar aquello que nos perjudica; todo lo que nos enseñan puede ser cuestionable y si algo nos impide crecer debemos moldearlo.

Los seres humanos estamos en constante evolución y creer que la vida es estática o resistirse al cambio solo nos paraliza. La eternidad solo existe en el recuerdo.

Por eso, muchas veces las personas se cuestionan por qué cambian la letra, incluso por qué en periodos cortos de tiempo pueden moldear esos escritos. Es habitual modificar nuestra escritura, ya que nuestro estado emocional y anímico varía; somos seres humanos y por ello nuestras emociones y vivencias nos hacen cambiar nuestra actitud ante la vida. Pero, a pesar de pensar que cambiamos nuestra letra, siempre encontramos trazos que se repiten.

Los cambios en la firma son más significativos. La firma revela nuestra personalidad más intrínseca, nuestro comportamiento emocional con nuestros seres más cercanos, por ello, es habitual que se den modificaciones en la firma durante la adolescencia, la juventud y la vejez. Dichas enmiendas suelen guardar relación con experiencias que nos han podido marcar y nos han hecho moldear la actitud que tenemos ante la vida.

Cambios en la escritura de
Napoleón Bonaparte

Mucho se ha escrito sobre el emperador Napoleón Bonaparte desde un punto de vista histórico, ya que adquirió un papel importante durante la Revolución francesa y dirigió campañas durante las guerras revolucionarias. Pero, poco se ha hablado de los cambios notorios que fue adquiriendo en su firma y que manifiestan la personalidad acentuada y astuta del militar.

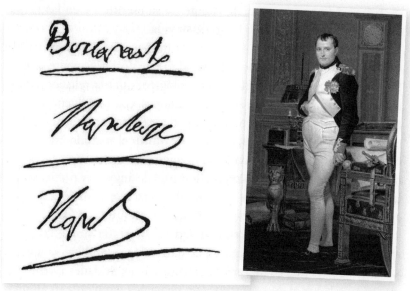

Napoleón Bonaparte en un retrato
de Jacques-Louis David y tres de sus firmas,
con letras ligadas e inclinadas

Los grafólogos debemos agradecer al emperador la huella grafológica que dejó en sus numerosas cartas, algunas militares y otras de amor, especialmente a su esposa Josephine con la que vivió una historia marcada por numerosos altibajos emocionales, vamos lo que hoy podríamos denominar como un amor tóxico.

Y es que, el señor Bonaparte, aunque estuvo casado dos veces, tuvo numerosos romances, ya que muchos hombres de aquel entonces consideraban a las mujeres como máquinas de hacer bebés..., gracias a Dios, los tiempos han cambiado.

Los historiadores cuentan que le gustaba escribir con mucha frecuencia y que su carácter ansioso le impelía a redactar con inmediatez todas aquellas ideas que tenía en su cabeza. Otra de las cosas que también cuentan de Napoleón es que no dormía casi y que su mente estaba constantemente en acción y por ello necesitaba dejar escrito todo con celeridad.

Quizás si hubiera nacido en estos tiempos, se le hubiera diagnosticado como hiperactivo...

Ese carácter ansioso queda latente en su escritura y en las firmas que fue transformando a lo largo de su vida.

Si observáis su primera firma, que a mí personalmente me parece un poco fea, escribe solo Bonaparte, algo que posteriormente omite.

El apellido, desde el enfoque grafológico, guarda relación con el reconocimiento social y, en algunas ocasiones, con la influencia paterna. Por lo tanto, de algún modo, tenía deseos de grandeza y orgullo.

En las firmas posteriores, el hecho de omitir el apellido, indica que empieza a dar mayor prioridad a su imagen personal, se aprecia psicomotricidad, formas mixtas con predominio de ángulos y oscilación de las letras. Todos estos trazos revelan cabezonería, exceso de actividad, agilidad mental y pasión desmedida, que se acentúa con los años.

Las letras ligadas y la originalidad de su grafía simbolizan que era una persona rápida, astuta y persuasiva, pero también se aprecia ansiedad por el exceso de rapidez gráfica e inseguridades intrínsecas que salen a la luz al encontrarnos con pequeños temblores en algunas de sus letras.

En la disparidad de sus escritos se puede observar cómo, en todos ellos, aparecen trazos que se repiten, como letras ligadas, velocidad y la misma dirección de la rúbrica, por lo tanto, aunque el emperador cambiaba su firma, aparecen rasgos que se reiteran y revelan el carácter opresor, inquieto y taimado del hombre que marcó una gran parte de nuestra historia.

Dicho ejemplo, nos sirve para entender que, aunque cambiemos nuestra letra o nuestra firma, siempre repetiremos trazos que desnudarán nuestra verdadera esencia.

3

La importancia de la letra mayúscula en los anónimos

Cuando el misterio es demasiado impresionante, es imposible desobedecer.
(Antoine de Saint Exupéry).

C uando redactamos algo, al igual que cuando manifestamos nuestros pensamientos o sentimientos, solemos expresar una parte de nosotros, pero no solo por el contenido que tenga una carta o un fragmento, sino por la forma en la que escribimos.

A los grafólogos, más que el contenido, nos gusta observar aquellos parámetros que engloba un manuscrito, ya que nos aporta una valiosa información sobre cómo se siente el emisor de una carta o un anónimo; si esas palabras se escriben desde la espontaneidad o desde el control.

Tal y como explico en mi libro *Lo que revela tu escritura*, la letra mayúscula representa la idea capital de uno mismo y resulta de interés a los grafólogos porque, no solo nos fijamos en la tipología de letra, sino que también observamos el tamaño de la mayúscula en proporción con el resto del texto, y ello nos va hablar de la autoestima del sujeto.

Lo curioso es que, cuando nos encontramos con escritos anónimos, la persona suele recurrir a la mayúscula, ya que el hecho de escribir de dicha forma, va a dificultar, al grafólogo o perito calígrafo, analizar algunos de los parámetros de la escritura.

La persona que escribe en mayúsculas tiende a ponerse una especie de coraza gráfica, porque dificulta bastante el análisis, así que, si estás leyendo este libro y quieres escribir una carta anónima y no ser descubierto, lo mejor es que recurras a la mayúscula.

Sin embargo, no solo utilizan este tipo de letras las personas que desean ocultar dichos rasgos, también lo hacen aquellos que consideran su letra ilegible y creen que así, al escribir en mayúsculas, el escrito se va a entender con mayor claridad.

En la actualidad, cuando hablamos de anónimos nos seguimos encontrando escritos de puño y letra, cuando lo lógico sería escribirlos a ordenador. Y es que, las personas que siguen recurriendo a este tipo de mensajes, tienen mayor interés en provocar miedo e incertidumbre, ya el escrito a mano siempre va a generar mayor impresión que un escrito a ordenador.

En el escrito anónimo que os muestro a continuación, se pueden apreciar letras mayúsculas y temblores que reflejan inseguridad en el momento que se ha ejecutado. Las letras bailan y descienden, rasgos que manifiestan incertidumbre, inestabilidad y poca psicomotricidad gráfica.

Algo que me suelo encontrar en este tipo de notas es que lo hayan escrito dos personas distintas para dificultar aún más el análisis al grafólogo o perito.

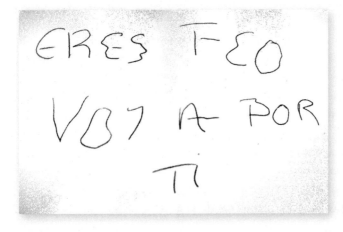

Temblores

¿Qué parámetros NO se pueden analizar en un escrito en mayúsculas?

Si observan el manuscrito, se puede apreciar cómo el escrito en mayúscula siempre se ejecuta con letras desligadas, por lo tanto, no vamos a poder analizar la cohesión de las letras; la velocidad tampoco se puede estudiar porque constantemente se realizan parones para ejecutar cada trazo; y el tamaño no se puede medir porque la mayúscula siempre va a tener un tamaño más grande.

¿Qué parámetros SÍ se pueden analizar en un escrito en mayúsculas?

Podemos observar la ejecución y la forma de las letras, donde la «o» se suele cerrar en la zona superior; la presión se puede analizar, ya que se detectan temblores y la forma en que los renglones tiende a descender al principio.

Por lo tanto, aunque la escritura en mayúsculas se suele utilizar para impedir el análisis encontraremos parámetros que se pueden estudiar, como la presión, la dirección y la forma del escrito.

¿POR QUÉ ALGUNAS PERSONAS ALTERNAN MAYÚSCULAS Y MINÚSCULAS EN UN ESCRITO?

El objetivo del escritor debería ser mantener la atención del lector.
(Barbara W. Tuchman).

Cuando hablamos y deseamos hacer hincapié en algún hecho o persona en concreto solemos expresarnos con mayor euforia y, en ocasiones, alzando la voz; pues cuando escribimos ocurre algo parecido, ya que destacamos dicha palabra, o bien subrayando algo en concreto o escribiéndolo en mayúsculas.

En muchas ocasiones, encontramos escritos donde se combinan letras mayúsculas y minúsculas; en este caso para poder leer la personalidad del sujeto desde el enfoque de la grafología se deben diferenciar dos supuestos:

Si, en la misma palabra, se alternan letras mayúsculas y minúsculas o si, por el contrario, una sola palabra se quiere destacar en mayúsculas.

Alternar mayúsculas y minúsculas en una misma palabra es habitual en grafiteros y adolescentes; de algún modo se trata de escritos que carecen de poca espontaneidad gráfica, donde se da mayor importancia a la estética que al contenido.

No podemos olvidar que, la letra mayúscula, se relaciona con la autoestima, por lo tanto también refleja problemas de identidad, deseos de llamar la atención, rebeldía e inseguridad.

En el caso de los adultos que mezclan mayúsculas y minúsculas en un manuscrito, indica preocupación por la estética y la apariencia, así como inmadurez y un deseo de aparentar mayor jovialidad y rebeldía (es habitual encontrarlo en personas con el famoso síndrome de Peter Pan).

Uno de los ejemplos de este tipo de letra aparece en las obras de Bansky, un artista callejero que oculta su identidad. Pero, lo que no sabe, es que los grafólogos podemos descubrir su verdadera personalidad a través de su firma.

Sus obras han sido reconocidas a nivel mundial por ser provocativas y reivindicadoras.

Firma de Bansky

Si observan su letra se puede apreciar su tendencia a combinar letras mayúsculas y minúsculas, algo frecuente en los grafitis.

Esta peculiaridad revela preocupación por la estética, deseos de llamar la atención, creatividad y excentricidad. De algún modo, en su letra queda latente la personalidad reivindicativa y reservada del autor, pero también se aprecia inseguridad por sus falsas uniones y alternación de mayúsculas y minúsculas.

Cuando, por el contrario, se quiere resaltar una palabra en mayúsculas, es lo que se conoce en grafología como lapsus enfático, el cual consiste en querer destacar un contenido para llamar la atención del receptor. Esta característica la he bautizado como *estrella gráfica*, porque de algún modo consigue resaltar en el manuscrito como si se tratará de un cuerpo celeste.

En este caso, no nos encontramos con un deseo de llamar la atención, simplemente la persona que escribe quiere destacar en concreto esa palabra para cautivar la atención del lector.

A continuación, os muestro una dedicatoria del grupo musical El Último de la Fila, donde se puede ver que el nombre del hotel Torre del Mar se ha escrito en mayúsculas.

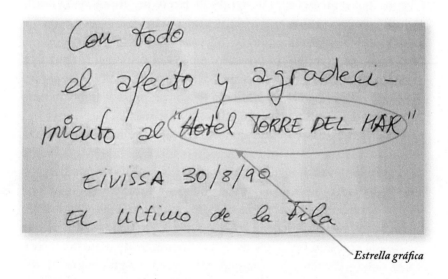

Estrella gráfica

Es una necesidad consciente de querer llamar la atención del receptor. Un rasgo habitual en dedicatorias como símbolo de agradecimiento o estima.

Tanto en un caso como en otro, el hecho de destacar una letra o una palabra en mayúscula, suelen ser rasgos poco espontáneos y por lo tanto conscientes.

EL TAMAÑO SÍ QUE IMPORTA
¿POR QUÉ LOS ACTORES SUELEN AUMENTAR EL TAMAÑO DE SU LETRA?

El teatro no puede desaparecer porque es el único arte donde la humanidad se enfrenta a sí misma.
(Arthur Miller).

Algo que me fascinaba de pequeña era imitar a la gente y, especialmente, a los profesores. Recuerdo que mis amigas me preguntaban cuál era la receta, pero nunca sabía qué responder porque era algo que me surgía de manera innata.

Años más tarde, observando las firmas de numerosos intérpretes, descubrí que en todas ellas destacaba el exceso de emotividad y comprendí que, para actuar es necesario empatizar, observar en exceso y saber leer al personaje.

Quizás, sin quererlo ni buscarlo, ese era el principal ingrediente de la dichosa receta y eso era lo que hacía en clase, estudiar las expresiones e inseguridades del profesor, en vez de prestar atención para aprender a resolver una ecuación de segundo grado.

Y, volviendo a la cuestión grafológica, siempre he sentido admiración por los actores y por ello cuando empecé a estudiar grafología me gustaba observar sus firmas. Uno de los rasgos que me llamaba la atención era la tendencia que suelen tener a agrandar el tamaño de su letra a medida que alcanzan el éxito, así como a aumentar el tamaño de los pies o crestas de las letras, algo que tiene lógica, ya que el arte es expresión y el actor necesita expandirse de manera efusiva. No podemos olvidar que el tamaño de la letra en grafología guarda relación con la manera que tenemos de desenvolvernos y también con la necesidad de reconocimiento.

El arte necesita ser visto y el actor necesita brillar, porque sin la aprobación del espectador su profesión estaría muerta.

A continuación, os quiero mostrar un autógrafo de uno de los iconos más populares del siglo xx, Elvis Presley.

Firma de Elvis Presley, en «El rock de la cárcel», donde se aprecia un aumento de los pies en el apellido.

Elvis no solo cantaba, era todo un actor que interpretaba cada canción en el escenario, sabía expresarse y llegar al público, aunque también recibió numerosas críticas por la parte más conservadora de la sociedad de aquel entonces.

A pesar de nacer en una familia humilde supo ser constante y así adquirir su primera guitarra con tan solo once años. En el año 1956 comenzó a adquirir fama gracias al tema «Heartbreak Hotel», también editó su primer elepé, titulado *Elvis Presley*, y se comprometió por siete años con los estudios cinematográficos Paramount, entre muchas otras cosas.

Elvis supo revolucionar el mundo de la música, pero su vida personal sufrió grandes baches, principalmente a partir de la década de los 70 por abuso de pastillas y exceso de drogas; su imagen se fue debilitando hasta fallecer por un ataque al corazón como consecuencia de sus excesos.

Conociendo su vida, no es de extrañar la efusividad que transmite su firma, donde se puede observar el aumento de tamaño de su letra, especialmente en las zonas inferiores, que conectan con la capacidad de ejecutar todo aquello que se propone, pero también con esa necesidad de disfrute.

Otro de los rasgos que llaman la atención es el aumento de tamaño en su apellido PRESLEY. El primer apellido guarda relación con la necesidad de reconocimiento en la esfera laboral, por lo tanto le daba mayor importancia al trabajo que a su vida personal, pero también indica que sentía más seguridad en el escenario que en su vida íntima.

Sus formas curvas de gran tamaño manifiestan sensibilidad, egocentrismo y necesidad de estima, algo por lo que luchó hasta el final de sus vida.

¿POR QUÉ LOS CIENTÍFICOS TIENDEN A DISMINUIR EL TAMAÑO DE SUS LETRAS?

La mejor ciencia no se aprende en los libros; el sabio más grande
y mejor maestro es la naturaleza.
(Galileo Galilei).

Esta frase de Galileo Galilei define a la perfección el carácter del científico. La ciencia es observación que persigue una causa para explicar un resultado.

Al igual que a los actores, siempre he admirado a los científicos, me han generado curiosidad ya que gracias a su inteligencia racional la humanidad evoluciona encontrando respuestas.

Cuando observo sus letras se aprecia una notable diferencia con los actores, y es que, en su caso el tamaño de sus letras tiende a disminuir. Todo ello tiene su explicación, ya que el tamaño pequeño de la letra simboliza minuciosidad, capacidad de detallismo y análisis, facultades que encajan a la perfección con la mente lógica.

De igual forma se relaciona con la introversión y la inteligencia de tipo racional. Sin embargo, también indica pocas habilidades sociales.

Otro de los rasgos que definen al científico es la necesidad de encontrar una causa o una explicación a un resultado. Es lo que denominamos pensamiento racional, a diferencia del pensamiento inductivo que no necesita una causa para entender una respuesta.

Para comprender mejor el carácter del científico os muestro gráficamente el ejemplo de Einstein, que define a la perfección su carácter empírico y mental.

Albert Einstein fue un físico alemán de origen judío (a pesar de no sentirse integrado en esa comunidad) y uno de los científicos más reconocidos a nivel internacional, gracias a la Teoría de la Relatividad.

Los historiadores cuentan que, durante su infancia, mostró cierta dificultad para comunicarse y que no empezó a hablar hasta los tres años, por lo que se llegaron a cuestionar durante su niñez si tenía algún tipo de discapacidad.

Su carácter era solitario e inquieto y disfrutaba leyendo libros de ciencia y filosofía. En el colegio destacó en ciencias y sin embargo en las asignaturas de letras no tenía buenos resultados. Finalmente, se licenció en Física y ejerció como profesor.

Sus aportaciones tanto en artículos como en investigaciones han sido trangresores para la ciencia. Y gracias a muchos de esos escritos, e incluso cartas de su puño y letra, se puede contemplar una caligrafía pequeña, extremadamente ligada e ilegible, que refleja su carácter activo y analítico.

El tamaño pequeño y minucioso de su escritura encaja con el carácter hermético y poco sociable del científico, que le llevó a tener muy poca dependencia de todo lo externo y tener, así, un mayor criterio en sus aportaciones a la ciencia.

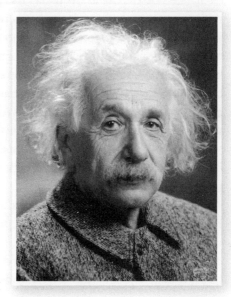

Albert Einstein

Carta de Einstein

También se aprecian numerosos tachones, enmiendas y correcciones que manifiestan que era un hombre que actuaba en ocasiones por impulso, pero que siempre acababa modificando y reflexionando sobre aquellas ideas o pensamientos que plasmaba en tinta.

En una de sus cartas, fechada en el año 1954, un año antes de morir, manifiesta su percepción sobre la religión: «La palabra Dios no es para mí más que un producto de la debilidad humana».

Esta reflexión sobre la religión guarda bastante relación con la mentalidad racional y pragmática de la ciencia. En su letra también contemplo exceso de lógica, y escasez de intuición en la continuidad gráfica del escrito que va perdiendo forma y reduciendo el tamaño a medida que avanza.

Cuando observo su grafía y su historia, reflexiono sobre cómo el hecho de tener un pensamiento racional o inductivo no te hace ser más o menos inteligente.

Los humanos tenemos distintas habilidades y capacidades y el hecho de incentivarlas durante los primeros años de vida, permite crear genios y no niños frustrados.

Si a Einstein se le hubiera querido potenciar la rama de las letras o trabajos que requiriesen habilidades sociales se hubiera sentido un inútil durante toda su vida. Pero, el hecho de saber encontrar su camino y profundizar en su pasión, que era la ciencia, ha generado mayor aportación para el mundo... y para callar las voces de aquellos que quisieron catalogarle como «discapacitado» durante su infancia.

No hay mayor inutilidad que señalar a alguien sin conocer su potencial, y gracias a la letra podemos descubrirlo.

4

¿Qué es la presión de la escritura?

Siempre atraemos a nuestra vida aquello en lo que creemos con más fuerza,
así que mientras podamos nosotros demos la fuerza.
(Rigoberta Menchú).

Como ya he mencionado en capítulos anteriores, la presión de la escritura es un parámetro que nos permite medir la fortaleza que tiene un sujeto y si aprieta más o menos el bolígrafo o la pluma a la hora de escribir.

En un mundo donde las redes sociales y los gimnasios se colapsan con fotos en las que las personas muestran sus músculos o lo resistentes que son cuando hacen cualquier tipo de deporte, nos olvidamos de dar valor a la fortaleza mental, es decir, la capacidad que tenemos las personas para superar los obstáculos a los que nos somete la vida.

El cuerpo y la mente van unidos, y si solo trabajamos unas de las dos partes seguiremos sintiéndonos perdidos y desconcertados.

A través de la escritura podemos conocer si tenemos fortaleza física o mental.

Para conocer la presión de un manuscrito debemos tener en cuenta que la grafología estudia el «aquí y el ahora», el momento presente, ya que la presión es uno de los parámetros que más variamos a lo largo del tiempo, porque nuestro estado físico y psicomotricidad gráfica va variando. También es un criterio que está bastante condicionado por el tipo de bolígrafo que estamos utilizando o el grosor del papel.

Los cambios en la presión en las firmas de Dalí

Uno de los personajes que más cambiaba su firma en períodos cortos de tiempo y que alternaba la presión del escrito fue el artista Salvador Dalí. Considerado uno de los máximos representantes del surrealismo, destacó por su elevada imaginación y carácter excéntrico, así como por su marcada personalidad, que generó fuerte impacto a mediados del siglo xx. Se dedicó al dibujo y a la pintura desde muy joven y se interesó por las teorías del psicoanálisis, que guardan bastante relación con la grafología y le ayudaron a trabajar algunos traumas de su infancia creando obras como *El gran masturbador* o *La persistencia de la memoria*.

Salvador Dalí

Dalí es uno de los artistas que más trabajo ha generado a los peritos calígrafos, ya que se han podido observar más de 678 firmas distintas en sus cuadros. En cada una de ellas solían aparecer trazos más presionados que otros, lo que manifiesta una elevada capacidad de improvisación e ingenio. En muchas de ellas, dibujaba una corona para reflejar su ideología monárquica.

Como buen artista, jugaba con los trazos al escribir o al dibujar, generando una presión variable donde apretaba el bolígrafo en sus iniciales S o D, sin perder la estética del escrito. Todo ello refleja que era un hombre exótico, seductor, creativo y vanidoso.

Presión variable en las firmas de Dalí

Las letras mayúsculas presionadas simbolizan necesidad de reconocimiento, narcisismo, imaginación y terquedad, teniendo habilidad de lograr todo aquello que se proponía.

El hecho de alternar la presión con trazos apretados y finos generando estética en sus firmas, indica una elevada psicomotricidad gráfica y ambivalencia a la hora de relacionarse, pudiendo pasar de la amabilidad a la desconsideración en periodos cortos de tiempo.

A pesar de apreciar numerosos cambios en el trazo, en cada uno de sus escritos se contempla una elevada preocupación por la apariencia.

Las formas mixtas señalan que, aunque aparentemente pudiera parecer una persona impulsiva, era un hombre detallista, con una elevada capacidad de reflexión y perfeccionismo, persiguiendo la estética e innovación en todo aquello que escribía o dibujaba y expresando su genialidad y carácter variable en todas las firmas que aparecen en sus obras.

LOS TACHONES

Nunca es tarde para el arrepentimiento y la reparación.
(Charles Dickens).

Tachar una palabra o una frase en un manuscrito es una manera de mostrar el arrepentimiento sin necesidad de pedir perdón. Cuando tachamos queremos anular una expresión, una falta de ortografía o cualquier error que consideramos que no debe ser visible.

Algunas personas tienen mayor tendencia a realizar tachones que otras. De algún modo el hecho de ser más propensos a tachar suele estar asociado con impulsividad e inseguridad en el momento en que se escribe. La persona redacta sin analizar lo escrito y cuando se da cuenta recula.

Si, por el contrario, el sujeto que estemos analizando no suele realizar tachones, pero de repente nos encontramos un escrito tachado, nos habla de un hecho anecdótico que carece de menor interpretación grafológica.

Cuando observamos las enmiendas de un escrito, debemos apreciar si están excesivamente presionados o no, ya que el hecho de apretar mucho el bolígrafo cuando tachamos nos puede alarmar de un estado ansioso del sujeto. Si tienen formas curvas o sinuosas simbolizan un carácter camaleónico y con menos autocrítica. En cambio, si los tachones están ejecutados con formas angulosas reflejan rabia y agresividad.

Tachón presionado y anguloso

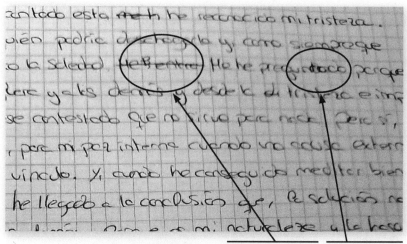

Escrito de una mujer de 28 años.   Tachón en línea recta   Tachar una letra
Mayor tendencia a aumentar el trazo cuando tacha una letra

En este caso, se puede observar que los tachones están elaborados con una línea recta, lo que denota menor inquietud en el momento de la supresión.

Sin embargo, predomina una presión normal en el escrito, pero con mayor tendencia a aumentar el trazo generando surcos de tinta en el papel, es decir, la persona presiona tanto que mancha el folio. Todo ello junto a unas formas excesivamente curvas indican una elevada carga emocional e incertidumbre, pudiendo llegar a tener un carácter versátil y sensitivo.

LA PRESENCIA DE LOS TACHONES EN EL TESTAMENTO POLÍTICO DE FRANCO

> *El futuro no está escrito, porque solo el pueblo puede escribirlo.*
> *(Presentación del proyecto de Ley de la*
> *Reforma Política, 10 de octubre de 1976).*

Cuando hablamos de tachones y presión del escrito me viene a la cabeza testamento político de Francisco Franco, dictador y jefe del Estado español durante casi 40 años, que quiso dejar constancia de sus últimas voluntades en un testamento político que se redactó un mes antes de morir.

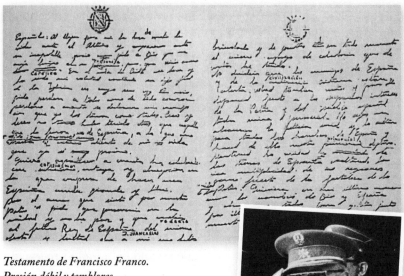

Testamento de Francisco Franco.
Presión débil y temblores

El historiador Guillermo Gortázar en su libro *El secreto de Franco. La transición revisada,* pone de manifiesto que el testamento político del caudillo fue redactado a máquina por el arquitecto Javier Carvajal y copiado de puño y letra por el dictador un mes antes de su muerte.

Según su hipótesis, cuando Franco se estaba apagando no había redactado ningún documento, por lo que Carvajal tuvo la idea de escribir lo que consideraba que el Caudillo quería para aquella España en blanco y negro que estaba a pocos meses de la Transición.

El manuscrito se entregó a los más allegados y posteriormente fue aprobado por García Valdecasas y Cifuentes hasta llegar a su hija Carmen Franco. El caudillo valoró la importancia de aquellas palabras y decidió copiar aquel texto.

Esta revelación que cuenta el historiador en su libro, contradice la versión oficial que manifestaba que fue el Caudillo el autor de su testamento político.

En el manuscrito que se mostró ante la prensa se pueden contemplar varias modificaciones y una presión que va perdiendo fuerza a medida que avanza el escrito, así como numerosas enmiendas que revelan las prisas por querer proyectar el futuro de España.

En los inicios del texto se contempla mayor seguridad y psicomotricidad, sin embargo, en los finales del escrito se puede ver cómo el trazo va perdiendo forma con una presión débil y pequeños temblores, que son habituales en personas con delicada salud o problemas de la enfermedad de Parkinson.

El documento refleja ansiedad e inseguridad en el momento que se estaba escribiendo, ya que la letra pierde legibilidad.

Cabe destacar, las barras de «t» altas y letras con pies excesivamente prolongados que no respetan los renglones inferiores, que indican que Franco era una persona dominante, con réplica pronta y apego a lo material, a pesar de tener poca fuerza en el momento que escribió dicho texto.

En el testamento queda claro que la grafía pertenece al Caudillo, pero las palabras que se añaden presentan diferencias notables en cuanto a la forma, cohesión e inclinación de la escritura, las cuales apuntan a que dichos escritos fueron añadidos por otras personas.

Si observan las siguientes imágenes, se puede observar una letra totalmente centrada en las palabras añadidas, a diferencia de la letra del dictador que tenía continuidad gráfica y oscilaba las letras hacia la zona de la derecha.

Otra peculiaridad que me llama la atención, es que la letra «m», Franco solía ejecutarla en forma de guirnalda, es decir, las zonas superiores de la caja de la escritura estaban abiertas, y en los escritos

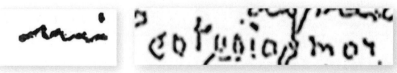

«m» en forma de guirnalda   *«m» en arco*

añadidos aparece una «m» en forma de arco, donde se puede observar cómo la caja de la escritura permanece cerrada por la zona superior.

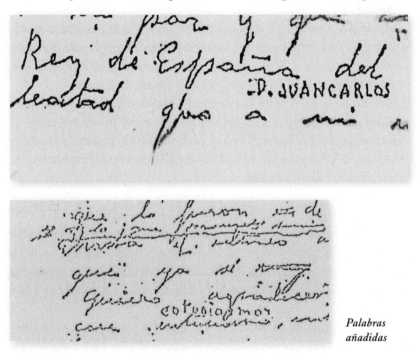

Palabras
añadidas

En cuanto a los tachones que predominan en el manuscrito, a pesar de no tener en mis manos el original, se aprecia un trazo fuerte generando lo que en grafología denominamos presión pastosa. Dicho parámetro genera una sensación de suciedad en el escrito por los excesos de manchas de tinta que se reflejan en el papel. Este rasgo indica tendencia a la melancolía, inseguridad y problemas físicos.

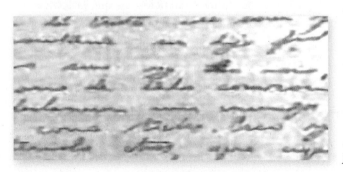

Presión
pastosa

Dichas similitudes y diferencias son notables y manifiestan que la decisión de escribir dicho testamento político, así como sus últimas voluntades, estuvieron bastante condicionadas por el entorno.

Un manuscrito que forma parte de la historia de España y donde queda reflejado la pérdida de poder del Caudillo en los últimos días de su dictadura.

5

Las falsificaciones en la escritura

LA IMPORTANCIA DE LA GRAFOLOGÍA EN LA JUSTICIA

Dadme dos líneas escritas a puño y letra por el hombre más honrado
y encontraré en ellas motivo para hacerlo encarcelar.
(Cardenal Richelieu).

S i algo debemos agradecer los grafólogos a la justicia es el reconocimiento de aceptar la pericia caligráfica como prueba infalible para conocer la verdadera autoría de un escrito, siendo en muchas ocasiones una prueba determinante para poder ayudar a un magistrado a dictaminar sentencia.

No debemos confundir pericia caligráfica con grafología, ya que la pericia se basa en conocer la verdadera autoría de un escrito, mientras que la grafología se usa para desgranar la personalidad de alguien a través de su escritura.

Muchas veces he escuchado a personas decir que ellas creen en la pericia caligráfica, pero muestran cierto escepticismo con la grafología, en estos casos suelo contar hasta diez, y entender que la ignorancia es muy osada.

La grafología no es una cuestión de creer o no, no es una religión, o una corriente. Se basa en un estudio psicografológico, es una herramienta que analiza determinados factores y parámetros de la escritura para determinan los aspectos psicológicos inherentes de una persona.

La pericia caligráfica nace como consecuencia del estudio grafológico del análisis del texto, las firmas e impresiones de cualquier tipo. De ahí que sea imposible ser un perito sin tener profundos conocimientos caligráficos.

El sistema jurídico no solo ha reconocido el valor de la pericia caligráfica, los psicólogos forenses en numerosas ocasiones también han recurrido a la grafología para desvelar los cambios que aparecen en la escritura de un reo, ya que no podemos olvidar que muchos de ellos recurren a la escritura manuscrita como terapia para liberarse de la culpabilidad o los sentimientos que nacen tras su entrada en prisión.

Por otro lado, las falsificaciones en el arte, así como la tendencia a imitar firmas de personajes relevantes, han sido trascendentes a lo largo de la historia. Se dice que en España están los mejores peritos porque están los mejores falsificadores.

Pero no solo la grafología ha sido apoyada por la justicia, también se ha usado en numerosos campos como en recursos humanos, criminología, pedagogía, *coaching* y principalmente en psicología.

¿POR QUÉ LOS FALSIFICADORES HACEN FALSAS UNIONES?

El castigo del embustero es no ser creído, aun cuando diga la verdad.
(Aristóteles).

Los peritos calígrafos y los grafólogos debemos tener bien desarrollada la vista para poder observar con detalle aquellos trazos que una persona realiza e incluso aquellos parones que se ejecutan entre las letras y que nos aportan gran información.

La cohesión de la escritura es uno de los parámetros que mayor importancia tiene a la hora de detectar una falsificación. Cuando vemos un escrito lo primero en lo que nos fijamos suele ser en el tamaño, la inclinación, la estética de la letra; sin embargo, el hecho de observar si las letras están ligadas o desligadas, así como las falsas uniones es algo menos habitual a primera vista.

Por eso los grafólogos vamos más allá de aquellos trazos que cualquiera observa e intentamos apreciar los parámetros de la escritura que *a priori* no llaman tanto la atención.

El falsificador suele ejecutar parones entre las letras porque cuando está copiando una palabra tiende a realizar una pausa en la ejecución de la misma; de algún modo, necesita observar y se detiene para pensar cómo continuar con la evolución del trazo.

Las falsas uniones en una simulación, siempre me han recordado al testimonio de una persona que te está mintiendo y realiza algunos tics, como tocarse la nariz o mover sus ojos a la derecha para continuar contando una mentira, pero mientras le escuchas y finges creerle observas pequeños gestos que le delatan.

De algún modo, al escribir, esa sensación también se manifiesta en el papel y se refleja con falsas uniones o manchas de tinta, entre otros muchos trazos.

A continuación, os muestro un ejemplo para que podáis entender qué es una falsa unión:

Entre la letra «a» y la «n» se aprecia un parón en la ejecución de la misma, sin embargo, a simple vista puede parecer que la letra está ligada.

En este ejemplo se puede observar con facilidad, pero cuando el tamaño de la grafía es más pequeño y las letras tienden a estar ligadas es más complejo apreciarlo y necesitamos recurrir a herramientas como la lupa para poder asegurarnos de que se trata de letra falsificada.

Falsa unión

El valor de la presión en las falsificaciones

Disfrazar la escritura resulta tan difícil como disfrazar la fisonomía. (Grohman).

Ya lo decía Grohman, teólogo y filósofo alemán, en un tratado que escribió en plena Ilustración, donde hace alusión a la dificultad de intentar simular nuestra escritura.

Uno de los parámetros que adquiere bastante peso cuando analizamos una falsificación es la presión de la escritura que, como ya he reiterado, consiste en conocer el nivel de intensidad que un sujeto ha puesto cuando presiona el bolígrafo. Aunque es un rasgo que tiende a variar a lo largo del tiempo, en las falsificaciones tiene importancia, porque es habitual encontrarnos temblores en los manuscritos que intentan ser falsificados o surcos de tinta que se pueden generar cuando realizamos una pausa a la hora de falsificar.

La importancia de la presión en el trazo ha sido estudiada en diversas ocasiones por notarios que se interesan por aprender pericia caligráfica para evitar fraudes en los escritos.

Para que lo entendáis de una manera más visual os muestro un documento que es de sumo interés, donde se puede observar cómo el notario realiza surcos de tinta en todas sus firmas; dicho rasgo *a priori* parece ser espontáneo pero, sin embargo, es un trazo que ejecuta a propósito para despistar a todo aquel que deseaba falsificar su firma.

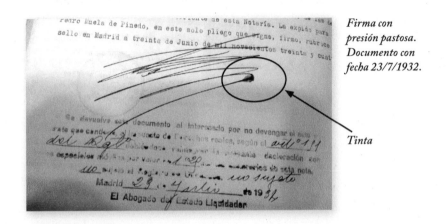

Firma con presión pastosa. Documento con fecha 23/7/1932.

Tinta

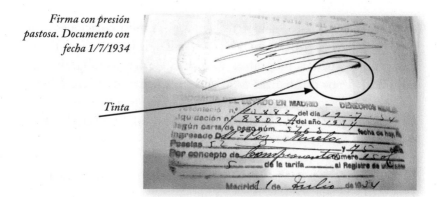

Firma con presión pastosa. Documento con fecha 1/7/1934

Tinta

Ambas firmas pertenecen a la misma mano y en ellas se puede observar cómo, de forma intencionada, ejecuta surcos de tinta en las zonas de la derecha de la rúbrica, que corresponden a las más inconscientes. Dicho rasgo, permitía confundir al falsificador dando la sensación de que se trataba un gesto espontáneo.

Este caso corresponde al fedatario de una notaría sita en Madrid, entre los años 1932 y 1934, cuando todavía no existía en nuestro país la Sociedad Española de Grafología. Pese a ello, ya empezaban a recurrir al asesoramiento de grafólogos y peritos para evitar posibles falsificaciones.

Al ser uno de los parámetros más importantes en pericia caligráfica, los peritos expertos suelen hacer hincapié en tener en sus manos el manuscrito original, ya que les permitirá conocer la presión del mismo. No obstante, se puede trabajar con fotografías o fotocopias, pero siempre es aconsejable poder ver con anterioridad los escritos originales.

TIPOS DE FALSIFICACIONES EN LA ESCRITURA

La falsedad es tan antigua como el árbol del Edén.
(Orson Welles).

A lo largo de la historia, el ser humano ha recurrido a numerosos métodos para imitar una firma, un escrito o un documento. Antiguamente, para detectar posibles falsificaciones se recurría a maestros de escuela o bibliotecarios para detectar las posibles simulaciones a ojo. Pero la sociedad evoluciona y tras la aparición de los estudios grafológicos surge la pericia caligráfica, y con ella los peritos calígrafos, que nos encargamos de analizar todos los parámetros de la escritura de manera detallada y minuciosa para poder hallar posibles imitaciones.

Los calígrafos, antes de poder realizar un informe pericial debemos contar con manuscritos que sean:

—Originales, para poder apreciar la presión de la escritura.

—Espontáneos, es decir, escritos realizados por la persona de manera natural y en diversos ambientes.

—Numerosos, para observar todos los trazos y parámetros de la escritura.

—Coetáneos en el tiempo, ya que como he explicado en capítulos anteriores, nuestra escritura cambia y por ello es aconsejable que los escritos de la persona que estamos analizando no superen más de cinco años entre un grafismo y otro.

Pero dentro de todas estas peculiaridades, los peritos nos encontramos diversos tipos de falsificaciones caligráficas, que catalogamos en:

Autofalsificación. En estos casos, el propio autor niega la autoría del documento intentando moldear aspectos típicos de su escritura.

Este tipo de simulaciones se suelen dar en litigios entre familias cuando una persona desea negar la firma de un determinado documento.

Estas simulaciones se caracterizan por letras con predominio de formas angulosas, cambios en el tamaño de la grafía y presencia de adornos.

Original.
A la derecha,
falsificación

Falsificación por agregación o supresión. Es habitual en escritos con documentos que contienen cifras, se añaden cantidades o correcciones que moldean el contenido.

Suelen predominar tachones, temblores, alteraciones en la presión del escrito y añadidos.

En estos casos, los peritos podemos solicitar escritos donde aparezcan números para poder comprobar los trazos que se realizan en su ejecución.

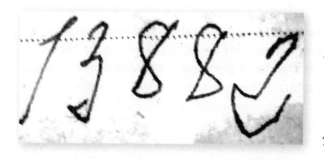

Documento falsificado donde se pueden apreciar alteraciones y temblores en la ejecución de los números. Temblor en el «2» final

Falsificación a mano alzada, este tipo de imitación consiste en que el falsificador después de imitar la firma o el escrito varias veces realiza una similar con mayor rapidez y espontaneidad para despistar al perito y generar una sensación de velocidad gráfica.

Uno de los casos más mediáticos de falsificación a mano alzada, fue la falsificación del futbolista y entrenador argentino Diego Armando Maradona, reconocido por muchos expertos y futbolistas como uno de los mejores jugadores de la historia.

Tras su muerte, los peritos calígrafos de la Suprema Corte de Justicia bonaerense, lugar donde existe una gran afición a la grafología y pericia caligráfica, detectaron que la firma del futbolista fue falsificada entre la plantilla de enfermeros que prestaban servicios a Maradona.

Si aprecian sus rúbricas, se pueden examinar cambios en la dirección del escrito, así como diferencias en los inicios de la ejecución de la firma en donde aparecen formas angulosas y algún temblor en los finales.

Firma original de Maradona.
Arriba, firma falsa, con un ángulo de inicio en la rúbrica

Falsificación por calco. En este tipo de imitación el autor recurre a papel transparente para realizar un calco del escrito, lo que genera una sensación de frialdad y poca espontaneidad gráfica, ya que no podemos olvidar que una persona es incapaz de escribir siempre igual.

A la izquierda, falsificación por calco.
Arriba, firma original

Falsificación por coacción o mano guiada. En estos casos, se obliga a la persona a ejecutar su firma en situaciones de vulnerabilidad e incluso cuando no tiene plenas capacidades.

Este tipo de subterfugios son frecuentes en ancianos que se encuentran enfermos o sujetos con algún tipo de discapacidad.

Sus grafías presentan temblores, falsas uniones y alteraciones en la dirección del escrito. En algunas ocasiones la persona firma pero la mano es guiada, es decir, controlan su brazo para ejecutar la dirección del escrito.

Escrito de una
mujer coaccionada
en un testamento
ológrafo

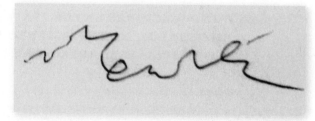

Falsificación espontánea. La persona que está falsificando ejecuta una firma completamente distinta, normalmente realizan un *visé* o rúbrica ilegible para despistar al perito y hacer creer que la persona tiene varios tipos de firmas.

Estas son los tipos de falsificaciones caligráficas más usuales, pero en la práctica he podido comprobar cómo podemos encontrar otro tipo de alteraciones gráficas que superan con creces la teoría de la pericia caligráfica. Esta situación me genera una insaciable sed para seguir investigando y profundizando sobre el engaño al que, en ocasiones, recurre el ser humano y proyecta en el papel.

Firma original

Firma falsa

LAS FALSIFICACIONES EN LOS TESTAMENTOS OLÓGRAFOS. EL TESTAMENTO DE WILLIAM SHAKESPEARE

Los problemas familiares son amargos. No van de acuerdo con ninguna regla.
No son como dolores o heridas, son más como divisiones en la piel
que no sanan porque no hay suficiente material.
(F. Scott Fitzgerald).

La demanda de peritos calígrafos se da principalmente en Derecho de Familia, generalmente en casos relacionados con herencias.

Lo que suele generar ciertas controversias, a mi entender, no solo tiene su origen en lo económico. Muchos de estos conflictos derivan de carencias emocionales y problemas de comunicación, así como de las etiquetas que solemos asignar a los miembros de nuestro entorno. Estas etiquetas pueden sesgar nuestra visión subjetiva de la realidad, lo que suele manifestarse cuando se abre un testamento.

Cuando observo problemas familiares de personas ajenas, suelo encontrar un punto de verdad en ambos lados, pero cuando esos conflictos se dan en tu entorno, la verdad se tergiversa y el egoísmo del ser humano se acentúa.

Todo esto os lo cuento porque cuando me han solicitado pruebas periciales caligráficas procedentes de testamentos, muchas veces son los propios familiares los que quieren escuchar aquello que les interesa, sin aceptar las últimas voluntades del fallecido.

Ante ello, el perito debe ser objetivo y ceñirse a su análisis; por eso es preferible no conocer la historia de aquellos que figuran en el testamento.

El testamento ológrafo, es un tipo de testamento que ha generado mucho trabajo a los peritos calígrafos, ya que es aquel que debe estar escrito por el testador de su puño y letra.

Dicho documento debe cumplir una serie de requisitos como:

—Ser escrito en su totalidad a mano por una persona mayor de edad.

—Incluir la fecha y la firma del testador.

—No requiere la presencia de un notario, pero la persona que lo tenga en su mano, debe presentarlo en una notaría pasados 10 días de la muerte de la persona que ha escrito sus últimas voluntades.

—En caso de aparecer enmiendas o tachones, el testador debe aclararlo bajo su firma, lo que genera en muchas ocasiones ilegibilidad o dudas; por eso los notarios suelen recurrir a peritos calígrafos.

Nosotros necesitamos conocer el estado de salud y la edad de la persona que escribió dicho testamento, así como la aportación de varios manuscritos próximos a la fecha en la que se redactó. Ya que, como he mencionado en capítulos anteriores, la presión de la escritura puede verse transmutada por problemas de salud o alteraciones en la grafía que se dan con el paso del tiempo.

En España, el testamento ológrafo se regula en nuestro Código Civil y aunque para muchos os pueda resultar antiguo, su aumento se disparó en el año 2020 tras la pandemia, ya que muchos enfermos no podían acudir a las notarías y tenían prisas y pocos recursos para dejar constancia de sus últimas voluntades.

El origen de dicho testamento se remonta al Derecho Romano y al Fuero Juzgo y, a lo largo de la historia, se han encontrado numerosos ejemplos que se asemejan bastante a lo que siglos después se regula como testamento ológrafo.

Uno de los casos más conocidos fue el de William Shakespeare, considerado uno de los escritores más importantes de la literatura universal. Mucho se ha especulado sobre su vida e incluso de la autoría de sus obras, ya que los historiadores han encontrado pocos datos bibliográficos del dramaturgo, pero lo que es indiscutible es que a día de hoy seguimos recordando muchas de sus obras como *Romeo y Julieta* o *Hamlet*.

A pesar de debatir la paternidad de sus creaciones lo que no da lugar a dudas desde el enfoque de la pericia caligráfica, es que sus últimas voluntades fueron escritas de su puño y letra y aunque dicho testamento en estos tiempos no podría ser validado como testamento ológrafo (por no encontrar fecha ni corrección de dichas enmiendas) para el Derecho anglosajón no tenía ninguna duda y en el año 1616 sí tenía cabida.

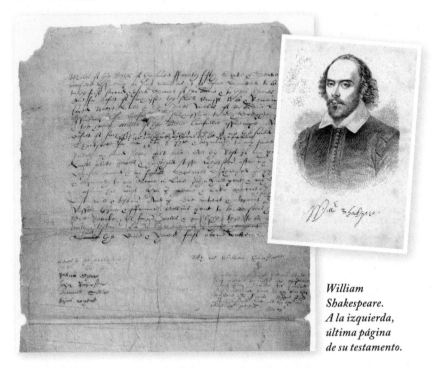

William Shakespeare. A la izquierda, última página de su testamento.

Si lo observamos, descubriremos una escritura habitual de la época con exceso de adornos y poca espontaneidad gráfica, una letra donde se perseguía más la estética que el contenido.

Me llaman la atención los pies prolongados de las letras que no respetan los párrafos inferiores, lo que manifiesta que fue un hombre constante, dominante, algo terco y con necesidad de ejecutar aquello que se proponía.

El exceso de adornos y tamaño pequeño simboliza introversión, capacidad de análisis y un comportamiento algo pedante.

Hasta la llegada de la imprenta los testamentos se escribían a mano, lo que generaba mucha manipulación entre los propios familiares. A día de hoy, aunque la sociedad ha evolucionado y los medios han cambiado, es curioso cómo nos seguimos encontrando conflictos similares entre los herederos.

LAS FALSIFICACIONES EN LAS OBRAS DE ARTE

El arte es el más bello de todos los engaños.
(Claude Debussy).

Mucho se habla del postureo entre los jóvenes cuando quieren presumir en sus redes sociales sobre unos pantalones de una determinada firma o una vida de lujo, sin embargo, esta tendencia que hoy se critica se remonta a años atrás, cuando las personas decidían adquirir obras de arte falsas para hacer creer a su entorno que tenían un gran estatus económico. Por ello, desde las últimas décadas las falsificaciones en el arte se ha convertido en el cuarto negocio delictivo a nivel mundial, por debajo del tráfico de drogas, tráfico de armas y la prostitución.

La pericia caligráfica es también muy demandada en Derecho Penal, principalmente en las falsificaciones y, lejos de lo que muchos piensan, simular una obra no es considerado delito, sin embargo, sí lo es cuando la persona que adultera, utiliza dicha obra para vender o engañar, exhibiendo obras de arte falsas con intención de obtener algún beneficio. También es considerado como tal, cuando el sujeto decide crear obras inventadas y presentarlas como si fueran inéditas de un artista reconocido.

Este tipo de fraudes se suele dar con vendedores particulares, pero también desde las propias galerías de arte comprando cuadros sin certificados y creyendo el argumento del falsificador, o lo que es más grave y menos usual, cuando el galerista conoce el fraude y aun así decide vender dicha obra.

Los peritos somos una figura relevante en las falsificaciones artísticas, sirviendo de ayuda para saber si una obra es original. Pero no solo analizamos la firma que aparece en el cuadro, también examinamos el certificado escrito a mano que avala dicha autenticidad, el tipo de soporte utilizado e incluso nos fijamos en los materiales que se han usado para saber si eran propios de la época a la que pertenece dicha obra.

Para poder realizar una pericial en una falsificación artística, debemos conocer la etapa a la que pertenece la obra y tener variedad de escritos del artista y del falsificador, también es importante contar con varias firmas artísticas, ya que muchas veces el pintor rubrica de diferente manera cuando sella una obra suya que cuando, por ejemplo, firma un documento en el banco.

Los profesionales prestamos atención a todos los parámetros de la escritura, pero principalmente tienen mayor valor la cohesión de las letras y los finales del escrito.

En este tipo de periciales muchas veces nos encontramos con un problema, y es que al firmar el artista o el falsificador sobre un soporte inusual, como puede ser un lienzo y con un tipo de útil como puede ser un pincel, nos cuesta analizar la presión del trazo que, como ya he mencionado, es un parámetro importante. Por eso, cuanto más material se le aporte al perito mejor, ya que tendrá mayor facilidad para detectar la verdadera autoría de una obra de arte.

LOS ARTISTAS MÁS FALSIFICADOS
DE LA HISTORIA

El hombre es un animal que estafa, y no hay otro
animal que estafe fuera del hombre.
(Edgar Allan Poe).

Existen pintores que han generado mayor interés entre los falsificadores. Uno de ellos es Salvador Dalí, que no solo ha sido simulado a nivel nacional, sino también a nivel internacional, por su amplia variedad de firmas, lo que a su vez generaba que los impostores fueran más propensos a imitar sus obras, ya que su diversidad de escritos les permitía tener mayor libertad para ejecutar la imitación.

Otro de los artistas que también ha causado especial interés entre los estafadores en España es Pablo Picasso, principalmente en la década de los años 60, ya que con la llegada de la televisión se comunicaba que era uno de los artistas más cotizados en las subastas, lo que propició que las mafias le tuvieran en su punto de mira.

Miró también encabeza la lista de los artistas más imitados, creyendo a ojo del falsificador que el arte abstracto es más sencillo de imitar, sin embargo, el realismo puede resultar más complejo cuando nos encontramos con falsificadores que tienen una gran habilidad para el dibujo.

A continuación, os expongo una firma falsa de Miró. Como se puede observar se aprecian diferencias notables en la forma, cohesión y tamaño de la letra, apreciándose más ángulo en la firma simulada que en la original.

Esto es frecuente en las falsificaciones ya que el ángulo muchas veces se genera cuando se realiza un parón para seguir imitando el escrito.

Miró modificó su firma a lo largo de toda su trayectoria. De hecho, en los años sesenta firmaba de un modo distinto que cuarenta años antes, de ahí la importancia de encontrar rúbricas coetáneas para validar la verdadera.

Las falsificaciones en el arte siguen en auge por eso antes de adquirir una obra es aconsejable realizar una pericial y así evitar ser engañados. Porque, como dijo el genio Salvador Dalí: «Aquellos que quieren imitar todo, no producen nada».

Ángulo en firma falsa de Joan Miró

Escrito original de Miró

6

Firmas suicidas. La afectividad a través de la escritura.

HABLEMOS DEL SUICIDIO

> *El único problema filosófico verdaderamente serio es el suicidio.*
> *Juzgar si la vida es o no digna de vivir es la respuesta fundamental*
> *a la suma de preguntas filosóficas.*
> *(Albert Camus).*

L a muerte forma parte de la vida, pero la sociedad se encarga de evadirla. No sé si será el miedo la causa de ello, pero lo que está claro, es que el silencio tampoco nos beneficia.

Tras la pandemia ha aumentado el número de depresiones y como consecuencia ha generado el aumento de suicidios, sin embargo, los medios prefieren no hablar de ello para evitar que aumenten los casos.

Esta tendencia a ocultar dichas noticias se remonta a años atrás, tras la publicación del libro de Wolfgang Goethe *Las desventuras de Werther,* en el año 1774. Dicha novela, narra una tragedia amorosa de un muchacho jovial y sensible que se enamora perdidamente hasta quitarse la vida. La obra tuvo tanto éxito que provocó una oleada de suicidios, siguiendo los pasos del protagonista de la obra. El libro generó tanto miedo que fue censurado por la Iglesia católica y el suicidio pasó a ser un tema tabú.

Dos siglos después, en la década de los setenta, el sociólogo David Philips reveló en una publicación que era mejor evitar hablar del suicidio; la prensa a día de hoy, sin cuestionarse dicha premisa, sigue eludiendo los datos alarmantes, lo que ha conducido a una situación inesperada, ya que el número de muertes provocadas de manera voluntaria no ha disminuido desde entonces, siendo actualmente la primera causa de muerte entre adolescentes y jóvenes.

En ocasiones, las personas que deciden quitarse la vida sorprenden a sus familiares y entorno más cercano dejando una carta escrita de su puño y letra antes de morir. A través de la grafología podemos conocer el estado emocional de una persona, lo que provoca que los destinatarios de dicho escrito recurran a grafólogos para conocer el estado del suicida.

A lo largo de mi trayectoria he podido apreciar ciertos trazos que se repiten en dichos manuscritos e incluso en las firmas que se ejecutaban con anterioridad, lo que permite en muchas ocasiones conocer el estado emocional del sujeto.

En este capítulo os invito a conocer aquellas letras que nos pueden alarmar para conocer las motivaciones de esa persona e intentar prevenirlo.

Hablemos de aquello que nos inquieta, nos paraliza o nos genera angustia, no callemos ante la decisión de aquellos que deciden irse, porque nuestro silencio es también cómplice de aquellos que ya no están, y que un día decidieron abandonar la vida.

LA INCLINACIÓN DE LAS LETRAS EN LAS FIRMAS SUICIDAS

Se puede tener en lo más profundo del alma, un corazón cálido, y sin embargo, puede ser que nadie acuda a él. (Vicent Van Gogh).

La afectividad es nuestro lenguaje emocional y el modo en que expresamos aquello que sentimos es dispar; algunos prefieren manifestarlo desde el afecto, otros desde la palabra, algunas personas mediante el servicio y otros con regalos. Y casi siempre caemos en el inmenso error de creer que porque una persona no sea afectuosa es insensible o no nos quiere, y no siempre es así.

La inclinación de las letras es un parámetro de la escritura que mide el nivel de afectividad de un sujeto. Si la persona expresa sus emociones o si, por el contrario, tiende a contenerlas. Es un gesto gráfico relevante en las cartas de suicidas, ya que por lo general suele predominar una inclinación progresiva u oscilante, es decir, las letras se escoran hacia la zona de la derecha o tienden a bailar, lo que manifiesta un deseo de expresar dichas emociones.

A continuación, os expongo un ejemplo de una nota que dejó una persona antes de quitarse la vida. En la misma, se puede apreciar que los renglones descienden y las letras bailan hacia la zona de la derecha, es decir, oscilan. Todo ello refleja ansiedad e impulso. Por lo que, en el momento en que escribió aquella nota, se sentía desbordada y sin control emocional.

En otras ocasiones, nos podemos encontrar escritos con una inclinación centrada de las grafías, es decir, las letras no oscilan, lo que manifiesta control emocional y mayor raciocinio en el momento que la persona escribe, lo que refleja que la decisión que se ha tomado es poco espontánea y más calculada.

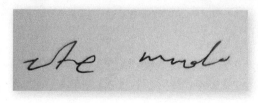

Inclinación progresiva

Cada suicidio es un sublime poema de melancolía.
(Balzac).

La escritura es el espejo del alma ilustrado en un simple papel, a través de ella podemos conocer el estado emocional de alguien, así como rasgos de su personalidad. La grafología es una herramienta a la que acuden familiares o amigos que leen notas que dejaron personas antes de quitarse la vida.

En sus letras he podido apreciar una elevada carga emocional y cierta tendencia a la autoexigencia, así como una autoestima inadecuada y mucha vehemencia.

Para explicarlo os expondré los trazos que, a lo largo de mi experiencia, he comprobado que predominan en sus manuscritos, con ejemplos de personajes que decidieron quitarse la vida y así entenderlo de una manera clara e ilustrativa:

Los trazos que predominan son:

LETRAS PROGRESIVAS O VARIABLES. Como he mencionado en el capítulo anterior, la inclinación de las letras es un parámetro que coge fuerza en los escritos suicidas. Nos aporta información sobre la afectividad y la manera en que expresamos nuestras emociones.

Adolf Hitler

La firma de Adolf Hitler del año 1945, año en el que se suicidó, es un claro ejemplo de inclinación progresiva. En su escritura se puede observar cómo la letra se inclina de manera notable hacia la zona de la derecha, propio de una persona que se dejaba llevar por la parte pasional, sin olvidar las dos caras de la pasión; el amor y el odio, que llevado al extremo genera un pensamiento subjetivo y agresivo, pudiendo desembocar en ideas obsesivas y suicidas.

De su escritura también cabe destacar el tamaño elevado de su letra mayúscula y las formas angulosas que reflejan orgullo, agresividad y poca tolerancia a la derrota, algo que encaja a la perfección con la teoría de que se suicidó en su búnker con su esposa Eva Braun por no aceptar la derrota de la Alemania nazi.

RENGLONES DESCENDENTES Y ESPACIADOS. Es otra de las características que se suelen dar en las notas suicidas, donde se aprecia cómo los renglones descienden notablemente hacia la zona inferior y se establece mucho espacio entre una palabra y otra.

La dirección de los renglones es un parámetro que está bastante condicionado por el momento presente, es decir, por el estado emocional del sujeto en el instante que estaba escribiendo, el hecho de descender refleja negatividad y pasividad.

Otra de las peculiaridades que aparecen son renglones espaciados, generando mucho «aire» en blanco que manifiestan miedo y ansiedad.

Este tipo de peculiaridades se suelen dar en personas que se suicidan encontrándose sedadas o bajo los efectos de algún tipo de sustancias. En ocasiones, también aparecen temblores y una presión fina de las letras que nos alarman de un delicado estado de salud física.

Escrito de una persona que se encontraba sedada, donde se puede observar cómo los renglones descienden notablemente hacia la zona inferior

ARISTAS EN LA ZONA DE LA IZQUIERDA. Es otra de las peculiaridades que se dan en las firmas de las personas que decidieron quitarse la vida. Predominan rúbricas que generan ángulos; dicho trazo denota autoexigencia y perfeccionismo, así como una autoestima inadecuada que puede llegar a culpabilizarse en exceso.

Pedro Armendáriz. Firma con mayúsculas grandes y ángulo en la izquierda en la rúbrica

El actor mexicano Pedro Armendáriz se suicidó disparándose un tiro en la cabeza tras sufrir un cáncer que desembocó en metástasis. En la rúbrica de su firma se puede observar la arista que genera en la zona de la izquierda, lo que indica autodestrucción y machaque, pudiendo caer en el pesimismo e irascibilidad.

MAYÚSCULAS DE UN TAMAÑO DESPROPORCIONADO . Se perciben en relación al resto del texto, signo gráfico que revela una mala autoestima. En el caso del actor Pedro Armendáriz, en su firma se contempla un tamaño excesivamente grande de las mayúsculas en relación al resto de letras, algo habitual en actores, por esa necesidad de reconocimiento que implica su profesión. Pero a su vez es un parámetro que indica una autoestima inadecuada, que puede desembocar en una depresión o un estado emocional inestable.

Lo mismo ocurre cuando la mayúscula es pequeña, que simboliza inseguridad y poca valoración de uno mismo.

LA RÚBRICA EN DIRECCIÓN DESCENDENTE. Es otra peculiaridad que aparecen en las firmas de las personas que deciden quitarse la vida, pues los trazos se prolongan hacia las zonas inferiores del papel. Rasgo que refleja pesimismo y nostalgia.

Este tipo de rúbrica cobra especial importancia cuando la persona cambia su firma un poco antes de provocar dicho suicidio.

En la carta que os muestro a continuación del artista Van Gogh, se pueden observar algunos trazos de su escritura que se dan en personajes suicidas. En este escrito se advierte una rúbrica en sentido descendente y espacio entre palabras, que junto a unas mayúsculas grandes indica una autoestima inadecuada, ansiedad y pesimismo.

A pesar de que algunas teorías apuntan a que su muerte fue provocada por un homicidio imprudente más que a un suicidio, lo que queda latente, según su letra, es que fue una persona extremadamente sensible, víctima de una sociedad que señalaba a todos aquellos que no seguían sus preceptos, por lo que necesitó reivindicar su disconformidad a través del arte creando algunas de sus obras como *La noche estrellada*, que pintó ingresado en un centro psiquiátrico en la última etapa de su vida y en la misma época en la que escribió este manuscrito.

Autorretrato y firma de Vincent Van Gogh, con rúbrica descendente

Otro personaje que ejecutaba una rúbrica en sentido descendente fue el torero Juan Belmonte quien decidió quitarse la vida en su cortijo pegándose un tiro. Diversas hipótesis explican las causas que le llevaron al suicidio; presunciones que no dan claridad a la verdadera causa de su óbito.

En su escritura se puede apreciar una inclinación progresiva de las letras, que define un carácter impulsivo e inquieto, con cierta tendencia a la melancolía pudiendo caer en la ambigüedad e inconstancia emocional.

Firma de Juan Belmonte, rúbrica descendente e inclinación progresiva

Los adornos en forma de dos rayas verticales que ejecutaba en su firma, es otro trazo que indica perfeccionismo y cierta predisposición a tener pensamientos recurrentes. Rasgo que concuerda con la hipótesis de que fue un hombre que vivió obsesionado con la muerte.

LAS LETRAS CON FORMAS CURVAS Y CENTRADAS. También son muy frecuentes en los escritos de aquellos que han decidido quitarse la vida.

Las formas curvas de las letras señalan sensibilidad que, junto a una inclinación centrada, puede desembocar en control emocional. La persona siente de manera intensa, pero reprime sus emociones.

Dicha expresión de las emociones puede generar un carácter explosivo que puede estallar acabando en el suicidio.

Los sujetos con este tipo de grafías suelen sufrir en silencio, lo que genera mucha incertidumbre en el momento que decide marcharse, a diferencia de aquellos escritos que son más espontáneos e impulsivos.

Uno de los casos fue el de la escritora Sylvia Plath, que se suicidó asfixiándose con gas. Algunas fuentes afirman que sufría trastorno afectivo bipolar y según las estadísticas uno de cada cinco pacientes que padecen dicho trastorno trata de quitarse la vida.

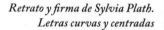

Retrato y firma de Sylvia Plath.
Letras curvas y centradas

El libro *Cometa rojo* de Hearther Clark, contradice las versiones oficiales y narra que fue una mujer tenaz que luchó por vivir, también la describe como alguien que quería comerse el mundo y cuya pasión fue escribir; no obstante, afirma que la escritora sufrió varias depresiones en su vida.

Fue una mujer que recibió numerosas críticas por su novela *Campana de cristal* y todo ello junto a la soledad de un hogar al cargo de dos hijos, la tormentosa relación sentimental con el poeta Ted Hughles, el duro tratamiento psiquiátrico al que le sometieron y el inconformismo por no seguir los convencionalismos sociales de la época. El resultado es que se quitó la vida con solo 30 años.

En su letra, se puede apreciar una elevada carga emocional por sus formas curvas y letras centradas, sin embargo, también se aprecia el predominio de un pensamiento inductivo en la cohesión desligada de sus letras. Plath se dejaba llevar por sus percepciones, pero a su vez era reservada para comunicar sus sentimientos más profundos.

A diferencia de la escritura de Juan Belmonte, en la cual se puede apreciar que el torero expresaba sus emociones con efusividad.

Otro genio que también decidió precipitar su marcha fue el Premio Nobel Ernest Hemingway, que se disparó en la boca.

Su inestabilidad emocional fue señalada como causa del suicidio, no obstante, algunos escritores como el cubano Leonardo Padura afirman que el autor de *El viejo y el mar* se vio conducido a ello por la presión a la estaba sometido por su relación con el FBI, organización con quien colaboró para aportar información sobre las actividades de los miembros de la Falange o simpatizantes nazis, lo que desembocó en un sentimiento de angustia y, como consecuencia, le llevó a terminar con su vida. Otras teorías apuntan a diversos trastornos de la personalidad y tendencias narcisistas.

Ernest Hemingway

En su escritura igual que en la de Sylvia Plath, se aprecian formas curvas e inclinación centrada pero, a diferencia de ella, las letras se encuentran totalmente ligadas, lo que refleja que Hemingway era más dependiente y espontáneo.

Las letras mayúsculas de gran tamaño en la firma de el Premio Nobel de Literatura indican egocentrismo e inseguridad, que podía camuflar bajo una apariencia algo engreída.

Estas son solo algunas conclusiones de los escritos suicidas, pero no podemos olvidar que es necesario observar todo el escrito en su conjunto, así como hacer mayor hincapié en aquellos trazos que predominan.

Si aprecian los escritos de personajes suicidas, se puede observar cómo el dolor, la hipersensibilidad, el miedo, la presión social, problemas de identidad, culpabilidad e impulso son sensaciones que quedan impregnadas en sus folios. Emociones que no fueron comprendidas ni escuchadas y que provocaron la renuncia a la vida.

A pesar de que muchas personas piensen en ideas autolíticas no todas las llevan a término. Por tanto, a través de la grafología podemos conocer el estado emocional de la persona y en ocasiones, nos puede servir para ayudar a nuestros familiares o seres cercanos a enfocar la vida de otra manera.

SEGUNDA PARTE:

Las firmas que cambiaron la historia

7

Salseos grafológicos de ayer y de hoy

La firma como elemento de autenticidad

*El arte de vivir consiste en conservar la personalidad
sin que la sociedad se incomode.
(Ángel Ganivet).*

L a firma es el logo de nuestra identidad, nuestro comportamiento con familiares, pareja y amigos.
En el colegio nos dan una serie de pautas cuando aprendemos a redactar, insistiendo en tener mayor legibilidad en la escritura, pero no nos dicen cómo debemos firmar. Por eso, en grafología la firma es un elemento mucho más libre que el texto y nos aporta una valiosa información sobre el sujeto en cuestión.

Es lógico que al igual que moldeamos nuestra escritura también cambiemos nuestra firma a lo largo de nuestra biografía, como también pueden variar nuestras conductas, ideas o prioridades. Esa evolución queda grabada en un papel, como una foto que ilustra nuestra imagen y va cambiando a medida que vamos creciendo.

A través de la firma podemos conocer la idea capital de uno mismo, los miedos, la creatividad o la relación con nuestros allegados.

En esta segunda parte del libro me quiero adentrar en las firmas de todos aquellos personajes que cambiaron la historia, profundizando en su personalidad de manera honesta para ayudarnos a comprender aquellas acciones y decisiones que tomaron y que han logrado forjar las hojas de nuestra memoria.

La historia de la firma

Escribir es la manera más profunda de leer la vida.
(Francisco Umbral).

A lo largo de la historia el ser humano ha tenido la necesidad de dejar huella o constancia de lo vivido. El simple hecho de firmar se remonta a nuestros ancestros, cuando una persona tenía la necesidad de dejar su huella en las paredes de las cuevas o en las piedras.

· La firma es el sello de nuestra identidad, es una manera de expresar que formas parte de dicha creación o que pasaste por aquel lugar que marcó una parte de tu vida. Es un acto de fe o constancia ante un suceso que necesita de tu aprobación.

La escritura se ha ido adaptando a los tiempos y a las modas, y por eso cada etapa de la historia o procedencia de una persona influye también en la manera de firmar. Pero al ser un hecho más creativo y personal que el que el acto de escribir, nos aporta mayor información sobre la personalidad del sujeto.

Durante la Edad Media y el Renacimiento las clases nobles fueron adquiriendo la costumbre de firmar, y en sus letras se puede apreciar el uso del latín y predominio de letras adornadas y poco espontáneas que recuerdan al más puro estilo gótico.

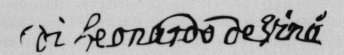

Firma de Leonardo Da Vinci

La firma de Leonardo Da Vinci es un claro ejemplo de las rúbricas típicas de la segunda corriente renacentista donde se preocupaban más por la estética de la escritura que por la legibilidad. Eran poco naturales y excesivamente adornadas. Si la observamos se puede observar cómo el exceso de curva y tendencia a adornar las zonas superiores del escrito reflejan creatividad y acentuación del sentido del arte que poseía el polímata Da Vinci.

Durante los siglos xvi y xvii la manera de firmar adquiere mayor libertad, se puede apreciar una mayor variedad y espontaneidad, aunque también predominan algunos gestos recargados.

Entre los grandes clásicos de la literatura, como Cervantes o Quevedo, predominaba la firma en dos planos y es común encontrarnos adornos al final del escrito.

También es frecuente el exceso curvas en formas de lazadas que se relacionan con la vanidad, algo habitual, ya que el simple hecho de saber escribir se relacionaba con personas de alto nivel cultural y clases nobles.

Existía un deseo de exhibir el conocimiento.

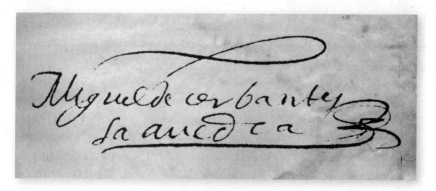

Firma de Miguel de Cervantes. Con lazadas por encima

En el siglo xviii, durante la Ilustración, el teólogo Grohman escribe un tratado en 1792 que dice: «Disfrazar la escritura resulta tan difícil como disfrazar la fisonomía»; de algún modo ya no solo se hace alusión a la grafología con dicho tratado, sino que también se empiezan a dar pinceladas sobre lo que será denominado más adelante pericia caligráfica. Dicho tratado generó que las personas quisieran ejecutar firmas originales para evitar posibles falsificaciones.

A pesar de no ser acuñado todavía el término grafología, sí empieza a surgir interés por desgranar cómo es una persona a través de su firma, principalmente esta curiosidad aparece entre las clases nobles de Italia, Francia y Alemania.

En esta etapa las firmas son más sobrias y sencillas y se busca más el ingenio que el simple hecho de recargarlas.

Predominan letras ligadas que dan mayor velocidad al escrito y de algún modo se relacionan con el pensamiento lógico y racional que caracteriza al movimiento de la Ilustración.

Voltaire. Firma con añadido

La firma de Voltaire, uno de los pensadores más relevantes de la Ilustración se caracterizaba por ser sencilla. En ella, se puede contemplar cierta tendencia a ligar las letras junto con formas curvas y un añadido al final de la misma.

Todo ello manifiesta que era una persona observadora, analítica y con predominio de pensamiento lógico.

Sin embargo, a pesar de tener acentuado el pensamiento racional se aprecia cierta sensibilidad camuflada en las curvas de sus letras, pero poca afectividad en la expresión de sus emociones, ya que las formas se encuentran totalmente cerradas, lo que le podría generar que sintiese frustración o disconformidad ante las injusticias. Podríamos decir que sentía, pero mostraba una actitud un tanto frívola.

Quizás dicha sensibilidad la manifestó a través de la poesía, la prosa literaria o defendiendo con fervor las injusticias, porque no podemos olvidar que fue un rebelde y gran defensor de la igualdad, a pesar de no creer en la democracia.

En el siglo XIX empieza el auge de la grafología en Francia, entre las clases nobles, gracias al sacerdote, arqueólogo y teólogo Michón, que fue el encargado de acuñar el término.

El hecho de aparecer los primeros estudios y el interés por la misma, empieza a condicionar las rúbricas de los políticos, monarcas o artistas que, de algún modo, quieren proyectar su mejor versión y empiezan a asesorarse por grafólogos o expertos del momento.

En esta época las firmas buscan la originalidad y legibilidad.

Brevemente, antes de pasar al siguiente siglo os hablaré un poquito de Michón y su firma, ya que gracias a él nace lo que hoy denominamos grafología psicológica.

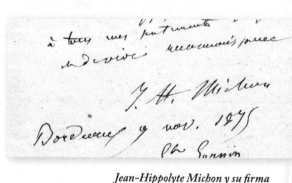

Jean-Hippolyte Michon y su firma

En su escritura se puede apreciar una inclinación progresiva de sus letras, lo que define un carácter pasional e inquieto, algo por lo que destacó a lo largo de su vida, ya que fue polifacético y emprendedor.

En el siglo XX, tras el auge del psicoanálisis, el psicólogo suizo Max Pulver aporta la teoría del *Simbolismo de la escritura*, donde considera que es relevante la ubicación de la firma con respecto al texto, relacionando cada zona del papel con el inconsciente. Por lo tanto, ya no se tiene en cuenta los trazos o letras de una rúbrica, sino que va ganando peso la ubicación de la misma en el papel.

En España, en este siglo destaca la figura de la escritora y Grafóloga Matilde Ras y Augusto Vels, el cual aporta en 1949 un sistema de medición de los signos gráficos denominado Grafoanálisis. Dicho método juega actualmente un papel relevante en la pericia caligráfica.

Vels, también funda la Agrupación de Grafoanalistas Consultivos de España y escribe una de sus obras más relevantes, denominada *La selección de personal y el problema humano en las empresas,* por lo que empiezan las aportaciones del estudio de la firma en selección de personal para una empresa.

El siglo xx, es una etapa dorada a nivel nacional e internacional en el estudio de la firma. Aparecen nuevos métodos y se empieza a tener peso en diferentes sectores como en Recursos Humanos, psicología y en la justicia.

En esta época aparece mayor variedad en las firmas, las personas rubrican de una manera más libre.

Destacan los *visés*, es decir, firmas ilegibles con forma de garabatos. Se busca la rapidez gráfica y simplicidad.

Visé

En el siglo XXI, tras la llegada de la firma digital y el auge de la tecnología, las firmas son más espontáneas y con menos psicomotricidad gráfica, ya que de algún modo se está perdiendo la costumbre de hacerlo.

Estas son solo algunas tendencias que predominan en las firmas. La historia puede condicionar algunos aspectos de la misma, pero no debemos olvidar que cada rúbrica y escrito son únicos y que ninguna letra es exactamente igual a otra.

Somos humanos; sentimos, cambiamos y vivimos, y todo ello se manifiesta en nuestra huella gráfica, que permanecerá aun cuando ya no estemos vivos.

¿CÓMO INTERPRETAMOS EL ANÁLISIS DE UNA FIRMA?

Conocer a otros es inteligencia, conocerse a sí mismo es sabiduría.
(Tao Te Ching).

Para analizar una firma debemos tener en cuenta los mismos parámetros que observamos cuando vemos un texto: el tamaño, la presión, la inclinación, la cohesión, la forma, la velocidad y la dirección. Por el contrario, si nos encontramos una firma en forma de *visé*, es decir una rúbrica sin tener nada escrito se deben observar todos los parámetros que nos sean posibles.

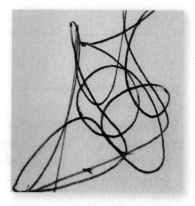

Firma en forma de visé

En la siguiente, podemos contemplar la forma de la rúbrica con predominio de curva, el tamaño grande y la velocidad que tiende a ser rápida. Todos estos parámetros analizados en su conjunto, indican que nos encontramos con una persona emocional, vehemente y ágil.

Por otro lado, es importante destacar que las firmas en forma de *visé* donde no aparece escrito alguno suelen reflejar reserva, desconfianza y misterio. La persona de algún modo necesita protegerse.

Pero a los grafólogos nos gusta observar sin cesar y por eso, cuando analizamos una, también debemos ver si aparecen detalles o añadidos en la misma, si vemos dibujos, puntos o cualquier adorno, que suele ser reflejo de detallismo y capacidad de observación.

Estos trazos pueden aparecer tanto en un *visé* como en una firma que contiene escrito.

Adorno

Si por el contrario observamos que aparecen formas escritas la interpretación es mucho más sencilla, ya que podemos apreciar tanto los parámetros de la rúbrica como del escrito.

En el caso de la actriz Marilyn Monroe, nos encontramos un ejemplo donde solo aparece escrito. Este tipo de autógrafos son habituales en personas con cierta cultura anglosajona, donde no tienen tanta tendencia a rubricar como en España o en países de cultura latina.

Marilyn fue uno de los mayores iconos de la historia, su vida estuvo marcada por una infancia complicada y una vida emocional agitada.

Los historiadores la describen como una mujer pasional que vivió intensamente, pero también sufrió continuos desamores y abusos sexuales. Algunas fuentes afirman que se suicidó, pero existen algunas lagunas sobre aquel desenlace. No obstante, en su firma he podido apreciar algunos trazos de efusividad que podrían encajar con ciertos pensamientos suicidas.

Su escritura se caracterizaba por tener letras inclinadas hacia la zona de la derecha con formas curvas y cohesión ligada, propio de una mujer que fue sensible y se dejaba llevar por aquello que sentía.

*Marilyn Monroe y su firma
con inflados*

Cuando observamos una firma al igual que un texto, también debemos tener en cuenta algunos rasgos, que en grafología denominamos *gestos tipo*, y son pequeños detalles que realizamos en la escritura de manera espontánea.

En el caso de Marilyn, nos encontramos uno de esos gestos, como son los inflados, que como su propio nombre indica, consiste en inflar exageradamente trazos curvos con un tamaño desproporcional. Este gesto simboliza egocentrismo, vanidad e imaginación.

En su letra se puede apreciar un carácter impetuoso y vehemente, pudiendo caer en el error de actuar sin pensar. Aparecen ciertas carencias emocionales que se camuflan con esa necesidad de adulación constante, algo que probablemente fue consecuencia de las carencias sufridas a lo largo de su agitada vida.

La firma profesional

Para llegar lejos en este mundo, hay que hacer como si ya se hubiera llegado lejos.
(François de la Rochefocauld).

La grafología es una herramienta fascinante que nos permite conocer la personalidad de un sujeto, pero también sus habilidades para acceder a un determinado puesto de trabajo.

Francia fue uno de los países pioneros en utilizarla en la selección de personal y, a día de hoy, se utiliza en el 80% de sus empresas. También es aplicada, pero con menor uso, en Argentina, México, Alemania, Estados Unidos, España y Reino Unido.

Ahora bien, todo esto os lo cuento porque cuando analizo la firma de un personaje reconocido también me gusta observar su firma profesional (en el caso de que la tenga), aquella que hace cuando tiene que rubricar originales relacionados con su trabajo o muestra documentos públicos, ya que la grafología no solo es aplicable en selección de personal, también recurren a ella personajes con cierta trascendencia social cuando quieren proyectar una buena imagen o tienen que firmar textos que van a ser visibles.

Para proyectar una buena firma en la esfera social, los grafólogos solemos recomendar algunos trazos que cobran importancia, pero estos consejos pueden variar dependiendo del trabajo que ejerza una persona.

Los signos gráficos más relevantes son:

EL PRIMER APELLIDO. Nos aporta información sobre la prioridad que se da a la parte profesional con respecto a la parte personal. Si solo firma con el apellido indica que la persona da mayor importancia al trabajo que a su vida íntima.

COLOCACIÓN DE LA FIRMA CON RESPECTO AL TEXTO. Es otro de los rasgos habituales, ya que nos aportará datos sobre qué tipos de trabajos se pueden adecuar mejor a la persona.

Las firmas ubicadas a la izquierda simbolizan mayor apego a la zona confort por lo que será aconsejable en sujetos que les guste el teletrabajo y, por el contrario, las firmas ubicadas en la zona de la derecha, indican mayor involucración con la esfera profesional y social.

Es recomendable en aquellas personas que le gusten trabajos que requieran viajar.

Uno de los casos donde más se puede observar la colocación de la firma con respecto al texto en un personaje que tuvo gran trascendencia y que a mí personalmente me fascina, lo encontramos en las cartas de Lady Di, la primera esposa del rey Carlos III de Inglaterra.

Diana de Gales adquirió bastante simpatía por parte de los medios y la sociedad tras consumarse su divorcio con el entonces príncipe Carlos. Además fue una gran activista siendo una de las primeras defensoras de los pacientes con VIH y también abogó por ayudar a las personas afectadas por el cáncer y las enfermedades mentales. Fue transgresora, solidaria, madre y aristócrata. Todo un icono que revolucionó a la sociedad británica.

En sus numerosas cartas expresa su elevada carga emocional y en casi todas ellas siempre ubicaba su firma en el centro, gesto que refleja búsqueda de equilibrio; una persona necesitada de armonía entre la esfera íntima y social.

Firma de Lady Di

Cabe destacar que el punto con el que finaliza la misma indica que era perfeccionista y observadora, pero a su vez podría llegar a ser tajante cuando se sentía desbordada por las emociones.

Otra de las cosas que me llama la atención de la escritura de Lady Di es que no moldeó apenas su firma a lo largo de su vida y casi siempre la ubicaba en el centro, algo poco habitual en los aristócratas. El hecho de no presentar cambios en su manera de firmar, es un reflejo de su acentuada personalidad y lealtad a su propia esencia, era fiel a sus valores; sensible, transparente y justa.

LA DIRECCIÓN ASCENDENTE. Es otro de los parámetros que cobra importancia en la firma profesional. En este caso, son preferibles las firmas con dirección ascendente, ya que indicará que la persona es ambiciosa y tiene deseos de crecer. No obstante, también refleja que puede trabajar mal en equipo o que puede ser un poco trepa y con deseos de notoriedad cuando se relaciona con los otros.

LA FORMA ANGULOSA. Esta forma de rubricar adquiere un importante valor en la firma profesional por lo que es aconsejable. Simboliza constancia y sacrificio, sin embargo, las firmas con formas curvas serán recomendables en aquellos puestos que requieran contacto con los otros, inteligencia emocional y dotes artísticas.

Un claro ejemplo de firma angulosa es la del expresidente de los Estados Unidos, Donald Trump. Se caracteriza por tener exceso de formas puntiagudas que sugieren racionalidad, intransigencia y terquedad, pero también sacrificio y constancia para conseguir sus objetivos.

El hecho de sellar documentos de carácter público con formas angulosas, amén de ser un rasgo intrínseco de su personalidad, puede ser también un deseo de expresar intransigencia y firmeza en su esfera laboral.

Otro de los parámetros en los que nos fijamos cuando estamos observando la firma profesional, es en la cohesión, ya que nos muestra si la persona destaca por tener un pensamiento inductivo o racional, y si trabaja mejor sola o en equipo.

En el caso de Trump, también se puede apreciar que en su escritura predomina una cohesión ligada, lo que refleja que es mental y tiene facilidad para trabajar en equipo, pero el exceso de ángulo

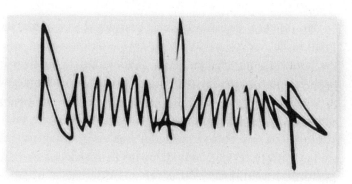

Firma angulosa de Donald Trump

también nos puede alertar de un carácter dominante y exigente con el entorno.

Estos son solo algunos de los *tips* que tengo en cuenta cuando analizo una firma profesional. Lo más aconsejable es ser siempre uno mismo, porque a pesar de querer disfrazar nuestra firma, los grafólogos podemos encontrar algunos trazos que desnudarán la propia identidad del sujeto.

En mi opinión, lo recomendable es conocernos a través de nuestra escritura, descubrir nuestras capacidades y debilidades hasta encontrar nuestra vocación, ya que no hay nada más gratificante que trabajar en aquello que uno haría gratis.

LA HORA DEL SALSEO

Ser curioso. Leer ampliamente. Probar cosas nuevas.
Lo que la gente llama inteligencia, simplemente se reduce a curiosidad.
(Aaron Swartz).

Nos guste o no, el cotilleo es un fenómeno social que abarrota las conversaciones entre amigos, en los bares o cualquier lugar donde interactuemos, y aunque algunas personas son más propensas que otras, lo que es indiscutible es que todos alguna vez nos hemos interesado ante algún rumor del momento.

El salseo es la nueva prensa rosa, aquella que proviene de los medios digitales, el cotilleo puro y duro por excelencia.

En mi caso, decidí acercar la grafología a las redes sociales con el análisis de nuevos personajes a través de diferentes *salseos grafológicos*, concepto que creé en plena pandemia para analizar las firmas de aquellos personajes que cubrían las portadas del momento.

Pero a diferencia de las redes, en un libro puedo profundizar mucho más allá en el estudio de una firma, y por ello, en los próximos capítulos de esta obra, a parte del análisis grafológico, quiero indagar en las similitudes que comparten las firmas de los monarcas, artistas, políticos o criminales, así como sus diferencias o compatibilidades con sus parejas. Adentrándome en su personalidad más intrínseca y salseando de una manera dinámica para así comprender las conductas de aquellos personajes relevantes de ayer y de hoy.

¿POR QUÉ ALGUNOS PERSONAJES CAMBIAN SU FIRMA CUÁNDO ADQUIEREN FAMA? LOS CAMBIOS EN LA FIRMA DE JOHN LENNON

Lo realmente importante no es llegar a la cima; sino mantenerse en ella.
(Alfred de Musset).

Cuando una persona anónima adquiere fama, ya sea por su trabajo o una situación personal que genere cierto interés mediático, transforma sin apenas buscarlo algunos aspectos de su personalidad. Son muchos los personajes públicos que han manifestado que, tras darse a conocer, han caído en adicciones, depresiones o crisis de ansiedad.

Estar de cara al público conlleva estar expuesto a la crítica, lo que puede generar ciertos miedos e inseguridades que el personaje puede mostrar desde el ego o, por el contrario, con el deseo de aislamiento y retirándose del foco mediático.

La fama les puede llegar de un día para otro o la pueden adquirir desde sus primeros años de vida, algo habitual en personajes que son hijos de artistas, monarcas o políticos.

La manera de gestionar el reconocimiento es dispar y ese cambio queda latente en su huella gráfica, es decir, en su firma.

Uno de los artistas que fue moldeando su escritura tras adquirir fama, fue John Lennon, músico, compositor británico y fundador de la banda The Beatles. Reveló su inconformismo a través de sus canciones y transformó la historia de la música.

Firma de John Lennon

La vida de Lennon fue corta pero intensa, creció en una familia disfuncional marcada por el abandono de sus padres, sin embargo, tuvo la necesidad de expresarse a través del arte desde su adolescencia componiendo, dibujando y cantando.

En la década de los 60 adquiere especial fama creando la banda de The Beatles junto a Paul McCartney, George Harrison y Ringo Starr. En esta década, su firma es bastante peculiar, donde no solo escribe, sino que también se dibuja a sí mismo. Este rasgo refleja un carácter repleto de ingenio, pero también algo infantil y con necesidad de celebridad.

En cuanto a su escritura, predominan letras ligadas con formas curvas y pies prolongados, que simbolizan sensibilidad y necesidad de hacer tangibles sus ideas.

Con el tiempo el grupo se fue desinflando y en 1970 se disuelve. En esta década, Lennon comienza su carrera en solitario y siguió alcanzando éxito, pero su vida personal estuvo marcada por el caos y tuvo problemas por su adicción al alcohol y a las drogas.

En esta etapa, se observa una firma con sentido ascendente, algo habitual en los artistas cuando adquieren éxito, ya que dicho trazo hacia la zona superior se relaciona con la ambición, el egocentrismo, el optimismo y deseos de crecer.

La letra es más espontánea y se aprecia menor control, lo que simboliza cierta tendencia a dejarse llevar por aquello que siente en cada momento, abandonando la racionalidad y la lógica hasta sumergirse en sus propias fantasías.

En 1980, en una tarde fría de diciembre, cuando casualmente salió con su mujer Yoko a firmar autógrafos, uno de sus supuestos fans, Mark David Chapman, disparó al artista y le segó la vida. El autógrafo que firmó a su asesino antes de morir ha sido de gran valor en las subastas.

En su última firma se aprecian pocas diferencias en relación a los autógrafos que firmó durante la década de los 70, donde predominaba una letra rápida con presión fina que asciende de nuevo hacia la zona superior del papel, lo que manifiesta optimismo, pretensión y emotividad.

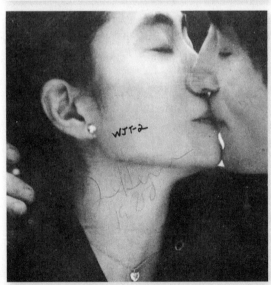

Uno de los últimos autógrafos de John Lennon

116

Su muerte conmocionó al mundo entero, pero su alma sigue presente en su firma y en cada una de las letras de sus canciones, donde resuena la paz que reivindicó a lo largo de su vida.

LOS AUTÓGRAFOS.
ANÁLISIS DE LAS FIRMAS
DE LOS ARTISTAS DEL «CLUB DE LOS 27»

Solo escribo cosas que me han pasado, cosas que personalmente no puedo superar.
Por suerte, soy bastante autodestructiva.
(Amy Winehouse).

Es frecuente encontrarnos la firma artística en las en las portadas de los discos de aquellos cantantes que desean proyectar su personalidad en la portada del álbum, en un pintor cuando rubrica sus cuadros o en los escritores cuando firman sus libros.

Muchos de ellos suelen tener varios tipos de firmas, escribiendo de manera diferente cuando tienen que rubricar un contrato o cuando sellan sus creaciones artísticas.

Todo ello guarda relación con la imagen profesional que queremos proyectar. No nos comportamos de la misma manera cuando acudimos a un banco o cuando estamos en un ambiente creativo, al igual que no solemos vestirnos de la misma forma cuando vamos a una fiesta que cuando acudimos al trabajo. Es normal que cambiemos nuestra manera de firmar, ya que de algún modo queremos expresar nuestra mejor versión.

Las firmas artísticas destacan por ser legibles, a veces pueden incluir el apodo o nombre artístico y en ocasiones aparecen dibujos o adornos que dan estética a la misma.

En las décadas de los años 80 y 90 se puso de moda encontrar la firma del artista en la portada de los discos de los cantantes, algo que facilitó muchísimo el trabajo de los peritos calígrafos para poder comprobar posibles falsificaciones.

Una de las cantantes que tenía varios tipos de firmas era Amy Winehouse, compositora y cantante británica que alcanzó gran éxito en el año 2006 con su álbum *Back to Black*. Sin embargo, tras el éxito llegaron las adicciones, la ansiedad y la bulimia.

Imagen de Amy Winehouse y de dos de sus firmas. En la de arriba, con adorno y en la segunda, con arista pronunciada en la rúbrica.

Sus problemas con la bebida llegaron hasta tal punto que, en el año 2011, fallece por una intoxicación etílica con tan solo 27 años, pasando a formar parte del club de los ídolos que fallecieron a esa misma edad como Kurt Cobain, Janis Joplin o Jimi Hendrix.

Algo frecuente en las firmas de los artistas es dibujar o añadir detalles. Estos adornos indican coquetería y detallismo. En el caso de Amy, en ocasiones garabateaba un corazón que reflejaba cercanía y necesidad de afecto.

En ambas firmas se puede observar la presencia de formas mixtas, en las que predominan curvas y ángulos y con tendencia a ocupar las zonas inferiores. Esto refleja cierta ambigüedad y contradicciones a nivel interno, que podían desembocar en una eterna lucha entre dejarse llevar por la razón o el corazón. También aprecio reserva y terquedad, que se manifiesta en las aristas que se generan en la zona superior de la letra «A», así como en las formas cerradas de sus trazos.

Las firmas de Amy definen a una mujer sensible, terca y auto-destructiva.

Kurt Cobain, todo un icono para la generación X, es otro de los músicos que se apagó con tan solo 27 años.

Tuvo una infancia complicada tras la separación de sus padres, donde empezó a encontrar su refugio en la música.

Alcanzó gran éxito en la década de los 90 como principal guitarrista y compositor de la banda Nirvana pero, a pesar de su buena acogida, se sentía frustrado y no toleró bien la fama.

Era hiperactivo diagnosticado y tuvo gran adicción a las drogas, hasta acabar suicidándose en el año 1994.

Su firma artística, presente en algunas de las portadas de sus discos, se caracterizaba por tener una letra rápida, con formas mixtas que ascienden notablemente hacia la zona superior del papel, lo que refleja creatividad, agilidad mental y sensibilidad. Llama la atención, la barra de la letra «t», que tiende a ser baja e indica problemas de autoestima y poca valoración de sí mismo.

La rapidez con la que ejecuta el escrito, guarda relación con el exceso de acción y necesidad de evasión que caracteriza a las personas hiperactivas.

Firma artística de Kurt Cobain

Tanto en las firmas de Amy Winehouse como la de Kurt Cobain, se aprecia sensibilidad, rapidez, inteligencia, pero profundos miedos e inseguridades que quisieron camuflar refugiándose en el arte o en las sustancias.

Trazos irrevocables que dibujan la esencia de dos genios, que sintieron con tanta intensidad y autoexigencia, que no vieron otra salida que terminar con sus vidas.

8

Las firmas de los monarcas

DIME CÓMO ESCRIBES Y TE DIRÉ CÓMO REINO

Para bien o para mal, la corona ha caído sobre mi cabeza.
(Reina Isabel II).

A lo largo de la historia son muchos los documentos que escribieron los monarcas. Un material que los grafólogos agradecemos porque nos permite adentrarnos en la personalidad, del rey o la reina, que marcó una época y profundizar en aquellos aspectos de su personalidad que no siempre aparecen en los libros de historia.

Cuando he analizado las firmas de diferentes reyes, he podido comprobar cómo la historia de la grafología ha ido repercutiendo de algún modo en su manera de firmar, ya que por ejemplo, en España, a partir del reinado de Alfonso XIII, se empiezan a ejecutar rasgos similares en las firmas de los sucesores Borbones, lo que da a entender que arranca la asesoría de expertos en la materia. Pero, independientemente de poder estar influenciados o no, a través de la grafología podemos conocerles mejor y así ahondar en la capacidad que tienen para liderar y comprender que, algunas peculiaridades que aparecen en sus firmas, están relacionadas con hechos anecdóticos que forman parte de nuestra memoria.

En este capítulo analizo las firmas de aquellos monarcas que han sido relevantes y explicaré algunas características que contradicen a las etiquetas con los que se les ha catalogado en los libros de historia.

LA POCA ESPONTANEIDAD GRÁFICA EN LAS
FIRMAS DE LOS MONARCAS

Si se conocieran a fondo los deberes de los príncipes,
pocos serían los que los desearan.
(Reina Cristina de Suecia).

Las rúbricas de los reyes son las menos espontáneas, ya que desde su niñez disfrutan de poca libertad y esa falta de autodeterminación también se ve reflejada en su firma. Por lo general, les suelen dar una serie de pautas y muchas de ellas están relacionadas con sucesos históricos o trazos que realizaban sus antepasados.

Una de las peculiaridades que me he encontrado en las firmas de los reyes, es el hecho de añadir la letra «R» cuando llegan al trono y firman durante el acto de coronación.

En España no es un gesto que aparentemente nos llamé la atención, ya que lo asociamos a la palabra rey o reina, pero cuando esta letra se escribe en las firmas de los monarcas que proceden de otros países,  como pueden ser los que forman la corona británica, sí genera dudas, ya que lo lógico sería añadir la letra «K» (*king,* que significa rey en inglés) o «Q» (*queen,* que significa reina en inglés).

Este añadido se remonta a siglos atrás, haciendo referencia a la palabra *regina* que significa reina en latín

Firma de la reina consorte Camila   *Firma de Isabel II de Inglaterra*

o *rex* que significa rey. Dicha tradición sigue latente en la firma de su actual rey Carlos III de Inglaterra, que añadió una «R» en el 2023 en el acto de su coronación; trazo que también añadió su mujer y reina consorte, Camila, al igual que también lo hacía la reina Isabel II de Inglaterra.

Camila añade una letra «R», para que nos quede bien claro cuál es su papel dentro de la corona británica. Esta peculiaridad, aunque es un añadido poco espontáneo, el hecho de ejecutarlo con un tamaño grande no lo es, porque a la soberana se le puede asesorar que añada la letra pero no cómo debe escribirla.

El hecho de elevar su tamaño, refleja necesidad de reconocimiento y orgullo, pero a su vez las formas curvas y cerradas de sus letras indican represión y control emocional.

En el caso de su suegra, la reina Isabel II de Inglaterra, también añadía la letra «R», detalle que conservó hasta el final de sus días. En su caso, el tamaño es proporcional al resto de las letras que, junto a una rúbrica en forma de subrayado y cohesión ligada, señala que era una mujer analítica, inteligente, pero con cierta firmeza y terquedad.

Ese añadido se remonta al siglo XII y aparece por primera vez en los documentos de los monarcas de aquella época como signo de suma autoridad.

En España, sin embargo, escribían «yo el rey» o «yo la reyna», ya que se trataba de una firma exclusivamente para soberanos pero, a partir del siglo XIX, el rey Alfonso XII empieza a firmar con su nombre y adquiere una firma más natural. Casualmente, este cambio se produce cuando ya empiezan a aparecer los primeros estudios grafológicos en Francia.

Firma de la reina Isabel II de España

Firma de Alfonso XII

Isabel II, bautizada por el escritor Pérez Galdós como «la reina de los tristes destinos» o lo que vulgarmente denominaríamos como «la reina gafe», reinó en España entre los años 1833 y 1868, una época convulsa por los cambios políticos que trajeron el desarrollo del liberalismo político que le llevaron a asumir una dura responsabilidad a una edad muy temprana.

Otros historiadores la definieron como «reina castiza» por su vinculación a las costumbres populares. Fue querida por muchos, pero a su vez repudiada, ya que pasó de ser un símbolo de liberalismo para luchar contra el absolutismo y se la consideró por muchos sectores una mujer frívola y superficial.

Observando su firma con formas curvas, lazadas y letras inclinadas, no la podría catalogar como insustancial, más bien como todo lo contrario, una mujer sensible, pasional y afectiva, pero a su vez detallista y coqueta.

Al ser tan apasionada, seguramente sufrió con la endogamia a la que recurrían en aquel entonces los monarcas, casándose por obligación con su primo Francisco Asís de Borbón, apodado como el Natillas por su conocida homosexualidad. Ella misma reconoció que ninguno de sus hijos fue de su esposo, tal y como ella dijo: «¿Qué podría esperar de un hombre que en la noche de bodas lleva más encajes que yo?».

En el caso de la escritura de su hijo, el rey Alfonso XII, también conocido como el Pacificador, se rompe con la tradición de firmar como «yo el rey» y, aunque en algunos documentos firma de ese modo, en otros adquiere una firma más actual, escribiendo su nombre.

Firmas de Alfonso XII

En ambas estampas se aprecia la misma rúbrica, con formas curvas y lazadas, lo cual revela que, al igual que la reina Isabel II, le gustaba dejarse llevar sus emociones; era cautivador, orgulloso y galán; por eso quizás, su primer matrimonio con María Mercedes de Orleans fue por amor, a pesar de las críticas del momento.

Aunque fuera apodado como el Pacificador, en su firma contemplo un carácter más combativo que reposado, ya que de algún modo se involucraba en todo aquello que sentía, por lo tanto, a través de su firma le bautizaré como «el rey apasionado».

A pesar de que las firmas de los monarcas sean menos libres que las de otros personajes, en todas ellas se pueden observar algunos trazos que desnudan su verdadera personalidad.

No es tan importante apreciar el contenido donde escribían «yo el rey» o «yo la reyna», lo relevante es analizar cómo han escrito esas letras, teniendo en cuenta todos los parámetros de la escritura y así acercarnos al personaje y ahondar en su verdadera esencia.

LAS FIRMAS DE LOS AUSTRIAS

La primera regla del arte de reinar es saber sufrir el odio ajeno.
(Lucio Anneo Séneca).

La dinastía de los Austrias reinó en España entre los siglos XVI y XVII, y se instaura tras el matrimonio entre Felipe, el Hermoso, y Juana, la Loca, hija de los Reyes Católicos.

En esta época no habían aparecido en España estudios grafológicos, lo que nos permitirá encontrarnos estampaciones menos

125

influenciadas y más libres. A continuación, analizo la escritura de aquellos personajes que más me han llamado la atención en esta dinastía y desterraré algunos mitos que se acuñan en los apodos que han ido adquiriendo algunos Austrias a lo largo de la historia.

COMPATIBILIDAD GRAFOLÓGICA DE JUANA, LA LOCA Y FELIPE, EL HERMOSO

Juana era la hija de los Reyes Católicos y tras el fallecimiento de su madre Isabel, reinó junto a su esposo y rey consorte, Felipe, el Hermoso.

La apodaron como la Loca por una supuesta enfermedad mental alegada por su padre y su hijo para apartarla del trono y mantenerla en Tordesillas de por vida.

Sin embargo, ya es hora de cambiar el cuento, porque en sus firmas no observo ni locura por parte de Juana, ni hermosura por parte de Felipe.

Otras hipótesis afirman que la *enfermedad* de Juana podría haber sido causada por los celos hacia su marido y por el dolor que sintió tras su muerte, pero... ¿cómo no se iba a volver loca con un esposo juerguista que tuvo varios romances y acusó a su mujer de trastornada para poder reinar?

Ahora bien, vamos a la cuestión grafológica y a desmontar un poquito la historia analizando sus firmas.

La firma de Juana tiene bastante psicomotricidad gráfica para la época, con una escritura inclinada hacia la zona de la derecha y tendencia a ocupar las zonas inferiores del papel. También aprecio creatividad en las crestas y facilidad para llevar a cabo todo aquello que se proponía. Felipe, sin embargo, tenía una cohesión desligada y prolongaba los trazos de sus últimas letras, gesto que en grafología denominamos *rasgo del procurador*, que revela desconfianza y deseos de control.

A la izquierda,¡, firma de Juana «la encarcelada» y, arriba, firma de Felipe «el acomplejado».

Según sus firmas, Juana era sensible, pasional, curiosa y afectiva, el hecho de ser tan emocional la llevó probablemente al sufrimiento constante. Me resulta curioso, que a ella se la relacione con celos cuando ese control y recelo se aprecia en la firma de su marido Felipe. Todo ello, lo observo en los trazos prolongados y formas cuadradas con aristas, que indican rigidez y agresividad.

Por otro lado, contemplo más inteligencia en la firma de Juana, a diferencia de la de su marido, en la que se observan gestos más lentos y parcos que expresan hipocresía y complejos. Así que, según sus firmas, les llamaré Juana «la encarcelada» y Felipe «el acomplejado».

La compatibilidad entre ellos es nula, Juana era fiel a sus emociones y Felipe era falso y vivía de cara a la galería. Expresaban sus emociones de diferente manera, ella desde la honestidad y él desde el interés.

¿Era prudente Felipe II?

Felipe II era hijo de Carlos I de España y por lo tanto nieto de Juana, «la Encarcelada» y Felipe, «el Acomplejado». Es uno de los Austrias que me ha generado curiosidad hacerle un salseo grafológico, por ser apodado como el Prudente, ya que la mayoría de los expertos lo definen como un buen monarca por su labor al mantener intacto el imperio heredado y alzar a España como la mayor potencia de Europa.

Otros historiadores le definen como una persona algo antipática y déspota, criticando su ambición desmedida e incluso le llegaron a acusar de algunos crímenes.

Pero como grafóloga, os contaré lo que he podido apreciar a través de su escritura.

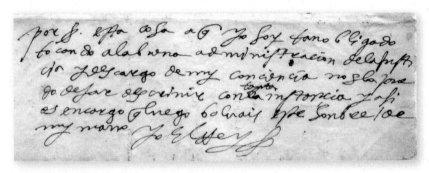

Escritura de Felipe II

Si valoran su escritura y estampa final, el texto y la firma, lo primero que llama la atención es el caos del manuscrito, donde no se respetan los renglones, las letras están completamente ligadas y se observan alteraciones en el trazo junto a manchas de tinta.

Todo ello en su conjunto manifiesta inteligencia, agilidad mental, pero a su vez refleja que estaba demasiado ansioso por conseguir poder (lo que vulgarmente podríamos denominar como una persona un poco trepa).

Su caligrafía revela que tenía pocos escrúpulos y habilidad para llevar a la práctica todo aquello que se proponía. Sin embargo, podía caer en la obsesión, exceso de racionalidad y tacañería. Era inteligente y mental, pero en su letra también aprecio falta de empatía y avaricia.

En cuanto a la cohesión de sus escritos, están totalmente ligados tanto en el texto como en la firma, con alguna que otra falsa unión, lo que vuelve a reafirmar la idea de era extremadamente racional, pero a su vez podría temer la soledad y ser dependiente a nivel afectivo. Y es que su vida sentimental fue un tanto agitada, ya que se casó cuatro veces, tuvo varias amantes y algún que otro hijo ilegitimo. Menos mal que era *prudente*.

En su salseo grafológico contemplo una ambición desmedida, soledad sufrida, inquietud y deseos de crecer, por lo tanto según su letra no puedo definirle más allá de como rey Prudente como monarca Codicioso.

El testamento falso de Carlos II

Carlos II fue el último monarca de la casa de Austria, era hijo de Felipe IV y y bisnieto de Felipe II.

Es otro de los miembros de la casa de Austria que me despierta curiosidad hacerle un salseo grafológico, por todo lo que se ha especulado sobre su vida. El monarca tuvo una delicada salud y mente frágil; no articulaba bien las palabras y empezó a caminar tarde. Fue un enfermo crónico, padeció sarampión, rubéola, varicela y viruela; sin embargo, se llegó a decir que su delicado estado físico era consecuencia de brujería y hechizos de magia negra.

El hecho de no tener descendencia generó que el resto de los reyes de Europa negociasen a sus espaldas el reparto de la monarquía hispánica, derivando en una lucha de poder que desembocó en la guerra de Sucesión.

Cuando observo la firma de Carlos II, me saltan las alarmas sobre si realmente era el monarca el que firmaba todos esos documentos, ya que para mi sorpresa aprecio una buena psicomotricidad gráfica con formas curvas y letras desligadas en su escritura, trazos que no me encajan con una persona que teóricamente vivió enferma y prácticamente en cama.

El manuscrito que os muestro a continuación, firmado por el monarca, corresponde al mes de agosto del año 1700, apenas dos meses antes de su muerte.

En el documento contemplo cierta alteración de la presión junto a falsas uniones. Todo ello podría revelar que los informes que firmaba el rey podrían haberse ejecutado bajo lo que en pericia caligráfica denominamos «falsificación por coacción o mano guiada», donde se obliga a la persona a ejecutar su firma bajo la presión de otra mano que le indica cómo debe firmar dirigiendo el brazo de la persona que están coaccionando.

Retrato y escrito de Carlos II

De ahí que le haya bautizado, en lugar de como el rey Hechizado, el rey Coaccionado.

En el libro *Secretum* de los autores italianos Rita Monaldi y Francesco Sorti revelan con el apoyo de grafólogos reconocidos, que el testamento que firmó Carlos II el 3 de octubre de 1700, donde nombra heredero a Felipe V, es un testamento falso. Algo que me encaja a la perfección observando los manuscritos que, en teoría, firmaba el monarca con anterioridad.

Por lo tanto, si aquel testamento fue realmente simulado... ¿los sucesores Borbones, inclusive el actual rey Felipe VI, están legitimados para reinar?

LAS FIRMAS DE LOS BORBONES

Empezando por la monarquía y siguiendo por la Iglesia,
ningún poder nacional ha pensado más que en sí mismo.
(José Ortega y Gasset).

En 1700 tras el fallecimiento de Carlos II se inicia en España el reinado de los Borbones, dinastía de monarcas de origen francés.

Mientras tanto, en el siglo xviii, en Francia y en Italia ya empiezan a surgir algunos tratados sobre el estudio de la escritura por lo que, poco a poco, las firmas de esa dinastía empiezan a estar un poco más condicionadas.

A continuación, os expondré los salseos grafológicos de aquellos reyes de esta dinastía que, según sus firmas, me han resultado más interesantes.

¿ERA ADICTO AL SEXO FELIPE V?

Felipe V fue el primer rey Borbón de España y sucesor del último monarca de la casa de Austria. Su tío abuelo era Carlos II, el monarca que grafológicamente he bautizado anteriormente como el rey Coaccionado.

Algunas fuentes revelan que sufría trastorno de la personalidad y que era adicto al sexo, pero tal y como dice mi amiga Ana Fernández Pardo en su libro *Eso no estaba en mi libro de historia de la Casa Real Española* hacía las cosas bien, porque esa adicción solo la tenía con sus mujeres, vamos que era *ninfómano*, pero fiel.

Se le ha apodado como el Animoso o el Melancólico, por sus repentinos cambios de humor. Sin embargo, su apetito sexual era insaciable y en eso, el monarca se mantenía perseverante...

Las fuentes también revelan que fue descuidado con los asuntos de la corona y con el pueblo español.

Pero como no me quiero dispersar con las opiniones de los expertos, vamos a la cuestión grafológica:

Firma de Felipe V, gancho en la «y»

En su firma se observan formas amplias, con predisposición a ligar las letras e inclinarlas con trazos que descienden notablemente hacia la zona inferior. Todo ello revela que era un hombre enardecido y con cierta tendencia a tener pensamientos recurrentes.

Me llama la atención, el pie prolongado de la letra «y» con el gesto tipo que en grafología denominamos *gancho*. Este trazo consiste en ejecutar pequeñas formas curvas al principio o el final de las letras, revelando posesividad, diplomacia y egoísmo.

En su firma aprecio un carácter extremadamente pasional y obsesivo. La persona se dejaba llevar por aquello que sentía, lo que podría generar cierta inestabilidad emocional, pero a su vez, sufría ciertas inseguridades que probablemente camuflaba con la necesidad constante de querer poseer a sus mujeres con una infinita dosis de sexualidad y erotismo. Por lo tanto, más que el rey Animoso o Melancólico, lo bautizaré según su salseo grafológico como el rey Vicioso.

¿ERA FELÓN FERNANDO VII?

Saltándome más de un siglo, tras el reinado de Luis I, Fernando VI, Carlos III y Carlos IV, llega el reinado de Fernando VII en el año 1784.

La historia le define como un rey hipócrita, aficionado a los burdeles, autoritario, cobarde e interesado. Además, conspiró contra su padre Carlos IV y derogó la Constitución de 1812 para reinstaurar el absolutismo.

Fue apodado como el Deseado, por el apoyo popular que obtuvo tras la imposición de José I, y otros le etiquetaron como el rey Felón, por su crueldad y agresividad.

La verdad es que las crónicas de la época le pintan fatal, pero veremos qué nos dice su firma.

Aparentemente es estética, lo que podría transmitir que no era tan perverso como lo pintan, pero si indagamos en el escrito, se puede contemplar en exceso formas curvas que generan lazadas, letras ligadas y una falsa unión que no revela nada bueno.

Tenía una firma poco natural que indica cordialidad, pero a su vez falsedad en el trato con los otros, así como una necesidad constante de caer bien.

Falsa unión en la firma de Fernando VII.

Llama la atención como al escribir la palabra «Rey» aumenta el tamaño de la escritura, lo que revela que era un hombre que podría mostrar cierta diplomacia en un principio, pero a medida que va cogiendo confianza su comportamiento podría llegar a ser dominante y con deseos de grandeza.

Según su firma le definiría como una persona hipócrita, invasiva y manipuladora, sin embargo, también aprecio carencias y dependencia emocional en las falsas uniones de sus letras.

Así que, según su salseo grafológico le definiré como el rey Fingido.

ALFONSO XIII

Tras la muerte de Fernando VII, al que grafológicamente he bautizado como el rey Fingido, reina su hija Isabel II y posteriormente Alfonso XII, los cuales analizo al inicio de este capítulo para revelar cómo, a partir del siglo XIX, los Borbones empiezan a enmendar su firma.

Alfonso XIII, hijo de Alfonso XII, fue rey de España desde su nacimiento hasta la proclamación de la Segunda República. La historia le retrata como un hombre inestable y mujeriego, que traía por el camino de la amargura a su esposa Victoria Eugenia.

Entre sus amantes destaca la actriz Carmen Ruiz Moragas, con la que tuvo dos hijos y vivió una historia llena de pasión y desenfreno.

Retrato de Alfonso XIII y un escrito con su firma

Fue apodado como el Africano, por la guerra del Rif que se vivió en el norte de Marruecos, lo último que quedaba en el Imperio español de la época.

Contemplando su firma e intentando obviar todo lo que dicen los libros de historia, lo primero que me llama la atención es que, al igual que su padre Alfonso XII, deja de escribir «yo el rey» y hace una firma más espontánea a la par que compleja.

En ella predominan los pies excesivamente prolóngados de la letra «f» y la cresta que genera en la letra «o». Las formas son mixtas con mayor presencia de ángulo y el trazo es firme y continuado. Todo, en su conjunto, refleja frenetismo, terquedad, necesidad de disfrute, impulsividad y salacidad.

Analizando su escritura me encaja el carácter mujeriego que relatan los libros de historia sobre la personalidad del monarca, pero si hay algo que debo destacar y que no esperaba, es su tozudez y necesidad constante de pasión desmedida. Se podría decir, según su firma, que podría superar la adicción al sexo de Felipe V, por lo que más que rey Africano, le bautizaré como el rey Fogoso.

SIMILITUDES EN LAS FIRMAS DE LOS BORBONES

Seguiré dando guerra mientras el cuerpo aguante.
(Rey Juan Carlos I).

Después del reinado de Alfonso XIII, su hijo don Juan de Borbón hereda los derechos dinásticos, pero la dictadura de Francisco Franco le mantuvo apartado del poder.

Franco nombró al Juan Carlos I, hijo de Juan de Borbón y nieto de Alfonso XIII como sucesor, el cual reinó desde 1975 hasta el año 2014, año en el que decide abdicar a favor de su hijo Felipe VI.

Las similitudes en las firmas de los Borbones las empiezo a observar a partir del siglo XIX hasta nuestros días, cuando encuentro trazos que se repiten. Si aprecian las firmas del Alfonso XIII, Juan Carlos I y Felipe VI realizan lo que denominamos los grafólogos *rúbrica por adelantado*, es decir, primero ejecutan la rúbrica y luego escriben el nombre.

Firma de
Alfonso XIII

Firma de
Juan Carlos I

135

Firma de Felipe VI

Alfonso XIII y su nieto Juan Carlos I realizaban la misma rúbrica. Primero, la ejecutaban y después continuaban escribiendo su nombre. Este gesto es aconsejable en las firmas profesionales, porque denota capacidad de planificar y dotes de liderazgo. Sin embargo, cuando profundizo en la firma del rey emérito lo que observo es que, la continuidad gráfica de sus letras junto a una inclinación progresiva, manifiestan que no es muy organizado y que de algún modo le gusta la improvisación y el disfrute, por lo que todo apunta a que el hecho de ejecutar dicha rúbrica es un trazo calculado y no espontáneo.

En cuanto a la firma de su hijo, el actual rey Felipe VI se puede apreciar cómo primero escribe la letra «F» y después continúa con el resto del escrito.

Pero como estamos en la hora del salseo, seguro que os apetece que os cuente un poco más sobre las similitudes o diferencias del rey de emérito y su hijo Felipe. Pues veréis, contemplando sus firmas, a pesar de que ambos hagan el mismo tipo de rúbrica, son personas completamente distintas; la firma de Juan Carlos I es rápida, con letras ligadas que oscilan a la zona de la derecha y formas mixtas. Todo ello revela que es sociable, inquieto, algo testarudo y natural, pudiendo caer en el error de actuar sin pensar. En el caso de su hijo Felipe VI aprecio todo lo contrario, las letras están totalmente centradas y la cohesión tiende a ser desligada. Todos estos símbolos manifiestan que es reflexivo, analítico, mental e independiente.

Por lo tanto, aunque en las firmas de los Borbones encontremos similitudes, a través de la grafología podemos bucear en aquella personalidad que no siempre mostraran ante el pueblo, pero que aparecerá en su huella gráfica.

LOS CAMBIOS EN LA FIRMA
DE LA REINA LETIZIA

Me gusta la información diaria, el periodismo trepidante; ese estrés
y esa adrenalina que se generan es como una droga.
(Reina Letizia).

Letizia se convirtió en reina consorte de España en el año 2014, tras la abdicación de su suegro Juan Carlos I.

La periodista se casó con Felipe VI en el año 2004, rompiendo con los convencionalismos que arrastraban anteriormente los matrimonios reales.

Nació en Oviedo, pero creció y se formó como periodista en Madrid. Tuvo una carrera exitosa como comunicadora, ejerciendo su profesión en México y en España.

Los expertos cuentan que Felipe se enamoró de ella viendo las noticias y pidió a su amigo y periodista Pedro Erquicia que la presentase. Su amigo organizó un encuentro y al parecer, el flechazo fue instantáneo.

La reina Letizia

Mucho se habla de la reina en los medios; algunos la tachan de ser controladora, y otros, sin embargo, la admiran por su cercanía.

Firma de
Letizia cuando
era periodista

Pero sin dispersarme más, os contaré lo que observo en sus firmas, así como los cambios que ha ido adquiriendo de periodista a reina.

En su primera firma, cuando ejercía como comunicadora, se puede apreciar que escribía su segundo apellido, trazo que revela su vinculación con su familia materna. Por otro lado, ejecutaba una rúbrica en forma de subrayado, mayúsculas de gran tamaño y las letras oscilaban a la zona de la derecha. Todos estos trazos manifiestan inquietud, temperamento, constancia, transparencia, impulsividad y necesidad de reconocimiento.

Firma de Letizia
cuando era princesa

Firma de Letizia
cuando es reina

A medida que pasan los años, cuando se convierte en princesa de Asturias realiza una firma en dos planos. Primero, escribe el nombre y con un tamaño menor redacta en un segundo lugar «princesa de Asturias». Estos cambios indican rebeldía y creatividad, así como una necesidad consciente de no querer perder su propia identidad.

Cuando llega a reina consorte añade la letra «R», al igual que su marido el rey Felipe VI, pero continúa firmando con una rúbrica en forma de subrayado que finaliza con un punto. Todos estos elementos simbolizan detallismo, empaque, firmeza y perfeccionismo.

En todas sus firmas realiza una apertura en la letra «a», que simboliza capacidad de comunicación y escucha, a pesar de poder llegar a ser reservada para hablar de sus problemas más recónditos.

Los cambios en la letra de la reina Letizia son naturales ya que, como he dicho en otros capítulos, es normal cambiar nuestra manera de firmar a lo largo de nuestra vida. Pero, en el caso de ella, se observan ciertos trazos que guardarían relación con algunas tradiciones de los monarcas, como es el añadido de la letra «R».

En cada uno de sus escritos aprecio lealtad a su propia esencia con una determinación asombrosa, que revela que es poco influenciable por el entorno. No obstante, también observo pequeñas inseguridades en la barra baja de la letra «t» que reflejan autoexigencia.

Una firma que define el carácter de una mujer con determinación, perfeccionista, leal y curiosa.

9

Las firmas de los dictadores

EL AUTORITARISMO EN LA ESCRITURA

*En el pecho de Hitler, en el lugar donde debía existir
un corazón, había solo un hueco.
(Albert Speer).*

Las políticas dictatoriales nacen del odio, del autoritarismo y de aquellos individuos que se creen con potestad para dirigir, limitar y destruir un país. Por desgracia, a lo largo de la historia e incluso en la actualidad son muchas las personas que han sido y son víctimas de una dictadura.

Pero no solo existen dictadores en la política, también existen lo que yo denomino *microtiranos*. Seguramente muchos de vosotros habéis sufrido el despotismo de un jefe, un profesor, un compañero de trabajo, una pareja e incluso de un amigo o miembro de la familia que se ha creído con potestad para dirigir el cotarro.

Uno de los rasgos que tienen en común los dictadores o microtiranos es el autoritarismo; ese afán por creerse dueño de su verdad y querer someter a los otros; y ese control suele proceder de un exceso de carencias e inseguridades que el individuo desea camuflar desde la manipulación, el dominio o el engaño.

Gracias a la grafología, podemos desnudar todas esas conductas y así evitar caer en el veneno que desprenden estos seres.

Por eso, en este capítulo, quiero profundizar en algunos dictadores relevantes de los últimos años, buceando en su psique y personalidad más profunda, a través de las huellas gráficas con las que mancharon parte de nuestra historia.

TRAZOS QUE PREDOMINAN EN LAS FIRMAS DE LOS DICTADORES

Recordad que, a lo largo de la historia, siempre ha habido tiranos y asesinos y, por un tiempo, han parecido invencibles. Pero siempre han acabado cayendo. Siempre.
(Mahatma Gandhi).

Cuando observo las firmas de algunos dictadores me vienen a la mente algunas expresiones que me dice la gente cuando les cuento que soy grafóloga; por ejemplo «tengo una letra muy fea, seguro que me vas a decir cosas malas». Mi respuesta siempre es la misma: Mussolini y Hitler tenían unas letras preciosas.

No tiene nada que ver la estética de una firma con lo que realmente es una persona. Prueba de ello, los manuscritos de algunos dictadores.

Investigando en sus escritos he podido apreciar una serie de trazos que prevalecen en su grafía y desnudan su personalidad más oscura. Esas peculiaridades son:

LETRAS PRESIONADAS Y ANGULOSAS.

El hecho de apretar excesivamente el tipo de bolígrafo, junto a unas formas angulosas, revela fortaleza, firmeza, agresividad y terquedad. La persona tiene una necesidad imperiosa de imponer su criterio.

Uno de los dictadores que tenía estas características en su firma era Stalin, que llegó al poder como secretario general del Partido Comunista, convirtiéndose en dictador soviético durante tres décadas, tras la muerte de Vladimir Lenin.

Su lado más fanático y despiadado le llevó a hacer purgas y deportaciones masivas. Es considerado como uno de los mayores genocidas de la historia; du-

Firma de Stalin. Los trazos descienden

rante su mandato murieron más de 30 millones de personas.

Al igual que otros dictadores tuvo una infancia complicada con un padre alcohólico y una madre opresora. Sin embargo, las fuentes revelan una faceta menos cruel durante su juventud, ya que le gustaba escribir poemas.

Pero sin explayarme más en los datos que recogen los historiadores, de su firma no solo destacó la presión, sino también la continuidad gráfica con la que escribía sin apenas levantar el útil, así como los finales del escrito que descienden.

Todas estas características revelan frialdad, constancia, imposición, sadismo, impulsividad, odio y tendencias depresivas.

Me llama la atención el exceso de aristas que generan letras que recuerdan a un alfiler; esta característica junto con un trazo altamente presionado indica que Stalin podría llegar a tener ciertos rasgos psicopáticos. La persona no sentía culpabilidad, era vengativo y tenía una sed insaciable de hacer daño.

LETRAS TUMBADAS. Es otra peculiaridad que prevalece en las firmas de los déspotas. Esta característica consiste en que la persona oscila las letras de manera exagerada hacia la zona de la derecha, dando la sensación de que la letra se tumba.

Estas revelan exceso de terquedad y una pasión desmedida, el sujeto se cree dueño de su propia verdad y expresa esas emociones con fervor y propulsión. A continuación, os muestro varias firmas de Hitler en las que se observa cómo la letra se desploma con el paso de los años.

Adolf Hitler fue líder del movimiento nazi hasta acabar convirtiéndose en el dictador de Alemania en 1933. Hijo de un padre que le maltrataba y una madre que le adulaba.

Como pueden contemplar en sus siguientes firmas, cuando tenía 17 años la grafía se inclinaba, pero no en exceso, y a medida que avanzan los años esa oscilación se va acentuando cada vez más.

Cabe destacar, que en esta primera firma no aprecio tanta agresividad más bien frustración e inseguridad al contemplar tachones que ocultan parte del escrito. Buceando en diferentes documentos históricos, por aquel entonces cuentan los expertos que Hitler anhelaba llevar una vida bohemia, quiso estudiar Bellas Artes, pero no fue admitido en la escuela. Quizás si le hubieran admitido, no hubiera hecho las atrocidades que hizo años después.

Estas peculiaridades que aparecen en su primera rúbrica me las he encontrado en personas con tendencia a las adicciones y al parecer Hitler era adicto a las anfetaminas y a alguna que otra sustancia.

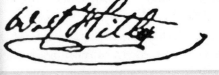

Firma de Hitler con 17 años

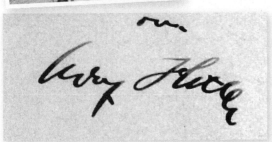

Firma de Hitler del año 1919

En 1919, Adolf se unió al Partido Obrero Alemán de signo nacionalista, conocido como el partido nazi. En esta etapa se convierte en un buen orador y líder del partido.

En el año 1925 se aprecia un cambio en sus letras, que aumentan de tamaño y descienden hacia la zona inferior del papel. Aparece mayor presencia de ángulo y se omiten los tachones. Todo ello revela firmeza, inestabilidad emocional y subjetividad, la persona se somete a sus ideas y las defiende con agresividad y perseverancia.

Firma de Hitler del año 1925

Más adelante, fue elegido presidente y acabó convirtiéndose en dictador. Entre los años 1933 y 1945, sus ideas racistas y antisemitas le llevaron a cometer grandes barbaridades en campos de concentración, llegando a asesinar a seis millones de judíos.

Durante su dictadura, el tamaño de su firma aumenta notablemente y las letras se inclinan cada vez más, lo que simboliza egocentrismo, arrogancia y dureza. Se aprecia cierto endiosamiento pudiendo llegar a creerse que sus acciones son las correctas.

Firma de Hitler del año 1940. El tamaño de su firma aumenta

Aunque se llevaron a cabo varios intentos de atentar con su vida, no es hasta el año 1945 cuando decide suicidarse. Y tal y como explico en el capítulo seis del libro, en el año de su suicidio, las letras de su firma se tumban exageradamente, dato que revela que, en la última etapa de su vida, Hitler se sentía pesimista, obstinado y fracasado.

Los cambios en su firma relatan cómo su carácter frustrado y terco llegó a su máxima potencia. Una escritura llena de contumacia, radicalismo y exenta de culpabilidad.

RÚBRICAS ENMARAÑADAS. Las rúbricas complejas que cubren parte del nombre es otra particularidad habitual en los dictadores. Este tipo de trazos revelan engaño y capacidad para manipular o enredar situaciones, característica que Francisco Franco tenía en su firma.

En el capítulo cuatro explico los tachones que prevalecen en el testamento político del Caudillo pero, a continuación, quiero adentrarme en su firma, que nos va a aportar información sobre su carácter y donde podréis presenciar la rúbrica tan enrevesada que realizaba cuando firmaba diferentes documentos públicos.

Francisco Franco fue un militar y dictador español durante 40 años en España, formó parte del grupo militar que protagonizó el golpe de Estado contra la Segunda República en el año 1936, que desembocó en la guerra civil española. El autodenominado Caudillo, contó con el apoyo militar de la Alemania nazi y del fascismo italiano.

Tras vencer al bando republicano en la Guerra Civil gobernó como jefe de Estado desde 1939 hasta el año 1975. Los datos revelan que, durante la represión franquista, murieron 150.000 personas.

La infancia del Caudillo no fue precisamente buena, su padre —con el que no tuvo buena relación—, era déspota y aficionado al juego. Sin embargo, por su madre, de ideas católicas y conservadoras, sentía una gran devoción. Se ha llegado a decir que hasta tenía complejo de Edipo.

En los libros le retratan como una persona reservada, con pocas habilidades de oratoria, frío y cruel.

En el año 1939 cuando Franco firma el último parte de la guerra e inicia la dictadura, me encuentro una firma sencilla, sin rúbrica enmarañada y con un trazo más legible.

El trazo es rápido, las letras oscilan a la derecha, pero no de una manera tan severa como lo hacía Hitler; tenía tendencia a ocupar las

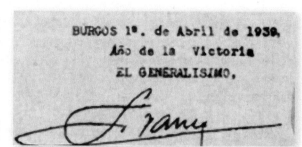

Firma de Franco en el
año 1939

zonas de la izquierda del manuscrito con formas curvas y lazadas. Estas características manifiestan rencor, impulsividad, pero a su vez cierta timidez e inseguridad.

Cuando ya se inicia su dictadura la firma presenta grandes cambios y aparece una rúbrica enmarañada que tacha parte del escrito. El tamaño aumenta, el trazo es más espontáneo y aunque aparecen formas curvas quiero destacar el *arpón* que se genera al final del escrito, cuando su mano se encontraba más relajada.

Arpón al final de la rúbrica en una firma de Franco de 1948

Los *arpones* en grafología indican terquedad, bloqueos emocionales, represión e irritabilidad.

En esta firma del año 1948 contemplo inseguridad, bloqueos y un carácter complejo y hermético.

En la última etapa de la dictadura, en los años 70 aumenta el tamaño de su firma y tiende a ocupar las zonas de la izquierda, gestos que revelan egocentrismo y recelo.

Firma de Franco del año 1971

En todas sus rúbricas predomina la capacidad para enredar situaciones, fanatismo, frustración, inseguridad, rencor y reserva; rasgos que se fueron acentuando con el paso de los años.

A diferencia de las firmas de Stalin y Hitler, en la firma del Caudillo no observo carisma ni dotes de liderazgo, más bien todo lo contrario, pocas habilidades sociales y dificultad para mostrarse ante los otros.

FIRMAS INCLINADAS QUE ASCIENDEN. Las firmas con dirección ascendente que oscilan hacia la zona de la derecha reflejan exceso de ambición y fanatismo. La persona consigue todo aquello que se propone, pero a su vez, tiene necesidad de imponer su verdad.

Uno de los políticos que ha conducido a su país a un nuevo autoritarismo y tiene esta característica gráfica es Vladimir Putin, actual presidente ruso, que invadió Ucrania el 24 de febrero del 2022, siendo uno de los conflictos de mayor tragedia del siglo XXI.

Diversas fuentes explican que el presidente tuvo una infancia repleta de carencias emocionales; la autora Masha Gessen revela que pasó parte de su infancia con una pareja de viejos judíos, a los que Putin recuerda con cariño. Esta situación ha llevado a decir a algunos autores que fue un niño adoptado que se sintió desprotegido por sus padres.

Indagando en más documentación, algunos psicólogos le definen como un narcisista de manual y otros como un megalómano abusivo. Pero, sin tener en cuenta dichas premisas, os contaré qué es lo que puedo apreciar en su carácter a través de sus firmas, y en concreto, os hablaré de dos de ellas que nos darán pistas sobre los cambios que pudo experimentar su comportamiento en los últimos años.

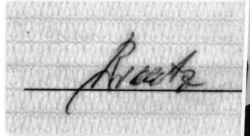

Firma de Putin del año 1985. Ángulo

En esta primera firma del año 1985, se aprecia una oscilación a la derecha de las letras con formas angulosas, principalmente en las zonas superiores del papel. Estas peculiaridades reflejan terquedad, obsesión y rigidez en el pensamiento; la persona no tolera otros argumentos.

A pesar de que la escritura tenga continuidad gráfica con predominio de trazos ligados, me llama la atención la presión fuerte con alguna que otra falsa unión, que simboliza timidez, desconfianza y dificultad para relacionarse con los otros.

A medida que pasan los años, en el año 2022 me encuentro una firma con menos trazos angulosos y mayor presencia de curva, la letra se inclina y asciende, peculiaridades que, como he mencionado anteriormente, me he encontrado en las firmas de algunos dictadores.

Firma de Putin del año 2022

Dichas características gráficas manifiestan que la cabezonería y la ambición de Putin se acentúan, así como la soberbia. Sin embargo, se aprecia mayor capacidad de oratoria, manipulación y facilidad para llegar a los otros.

Ambas firmas describen a una persona narcisista, repleta de miedos, obstinada, desconfiada y soberbia, que ha ido ganando habilidades persuasivas con el paso de los años.

Y, al igual que otros personajes autoritarios, cree que su criterio es la única verdad.

Estas son solo algunas de las características que prevalecen en las firmas de los dictadores pero, tal y como he dicho en reiteradas ocasiones, se debe observar todo el escrito en su conjunto.

Profundizando en las firmas de todos ellos, me llama la atención cómo la frustración, la agresividad y la tozudez prevalecen en sus manuscritos y que aumentan con el paso de los años.

Todos ellos han tenido una infancia complicada repleta de carencias emocionales que, aunque no justifican sus comportamientos, sí me hacen cuestionarme: ¿El ser humano nace siendo cruel o es la sociedad la que le incita a serlo?

10

Las firmas de los políticos

Vota a aquel que prometa menos. Será el que menos te decepcione.
(Bernard M. Baruch).

DIME CÓMO ESCRIBES Y TE DIRÉ SI TE VOTO

Conocer la escritura de aquellos políticos que se presentan a las elecciones puede servir de ayuda a la hora de elegir quién quieres que te gobierne.

Recuerdo la primera vez que fui a votar, eran las elecciones al Parlamento Europeo en junio del año 2009, cuando en las aulas de la Complutense se debatía entre los propios compañeros si estábamos metidos en una crisis económica o no, y la verdad es que estábamos de lleno, pero ya saben, los políticos tienen esa habilidad de hacerte creer que las cosas no van tan mal y que por supuesto, ellos podrán cambiar el mundo en un santiamén.

Todo esto os lo cuento, porque recuerdo que iba bastante perdida a la hora de votar, pero por otro lado, creía que era necesario adquirir mi derecho a voto, ya que mis padres y abuelos habían vivido una dictadura donde no pudieron elegir quién les gobernaba. La cosa es que tenía tantas dudas que decidí observar las firmas de los políticos que se presentaban a las elecciones europeas. Por aquel entonces, era una simple aficionada a la grafología, aún no tenía estudios, pero la

151

verdad es que al observarlas ninguno de los candidatos me convencía. Contemplando sus firmas apreciaba poca inteligencia emocional y el ego bastante inflado y, para ser honestos, mis conocimientos en grafología no iban mal encaminados...

Años más tarde, cuando ya había estudiado Psicografología y Pericia Caligráfica, analicé las firmas de los candidatos a las elecciones generales y de algunos de los miembros que integraban los diferentes partidos. Quería saber qué candidato tenía facilidad para liderar, empatizar con el pueblo y, lo más importante, si alguno era honesto y poco avaro; ya sabemos que la mentira y la codicia se estila mucho en ese ambiente.

Todas estas cualidades se pueden ver en la escritura y nos permitirán conocer si esos discursos de los que presumen en diferentes campañas electorales son reales o pura ficción. Y pensándolo bien, la verdad es que no estaría de más que los políticos pasaran alguna prueba grafológica antes de presentarse a las elecciones, quizás de esta manera, nos ahorraríamos muchos disgustos...

Golpe de látigo

Una de las peculiaridades que predomina en sus firmas son los dotes de liderazgo. Esta característica se aprecia en algunos trazos grafológicos como formas curvas, y lo que denominamos los grafólogos el *golpe de látigo*, que es un gesto que aparece normalmente en los inicios de la rúbrica o en algunas letras y refleja actividad, energía, carisma y facilidad para liderar equipos.

A mi modo de ver, el político ideal tendría que tener una firma legible, con formas mixtas y con cierto equilibrio entre el tamaño de los pies y crestas de las letras. Ya que todas estas características revelan sinceridad, facilidad para llevar a la práctica sus ideas y capacidad para liderar. Os pondría algún ejemplo de algún político que tenga estas características, pero por desgracia no lo he encontrado.

Así que os expongo una firma de una persona anónima, que no se dedica a la política pero tendría habilidades para serlo. Es director de una empresa publicitaria y según me ha contado fue delegado de clase en el colegio y en la facultad. Tenía madera de líder desde bien joven y, la verdad, no me extraña porque le va el anillo al dedo con la grafía que os muestro a continuación:

Firma de hombre de 38 años

Golpe de látigo   *Pie*   *Cresta*

Su firma revela todas esas particularidades gráficas que he nombrado anteriormente y que manifiestan que es un sujeto con habilidades para liderar, transparente, carismático y con facilidad para llevar a cabo sus ideales.

DIME CÓMO ESCRIBES Y TE DIRÉ CÓMO GOBIERNAS

A lo largo de la historia de la democracia, en España, hemos tenido diferentes presidentes que forman parte de nuestra memoria. Su manera de firmar nos aporta una valiosa información sobre su personalidad, ambiciones y capacidad para gobernar.

Por ello, vamos a salsear sobre la personalidad más recóndita de algunos de ellos y desvelaré algunas peculiaridades que definen su esencia y que no han mostrado en los numerosos mítines donde nos prometían un futuro mejor.

¿CONTRATÓ ADOLFO SUÁREZ A UN FALSIFICADOR?

Adolfo Suárez, fue el primer presidente de la democracia de España. Para muchos representaba el cambio y para otros no estaba lo suficientemente cualificado. Y es que Adolfo Suárez no tenía un currículum perfecto, pero sí bastantes aspectos para aceptar la responsabilidad que le asignó Juan Carlos I en el año 1976, tras la muerte del Caudillo.

Suárez impulsó la Ley para la Reforma Política donde legalizó el Partido Comunista Español (PCE) y Esquerra Republicana de Catalunya (ERC), también eliminó las estructuras de la dictadura franquista y dio paso a la creación de las Cortes Generales.

Tras la reforma, tuvieron lugar las primeras elecciones de la democracia española en el año 1977, y el partido liderado por Adolfo Suárez denominado UCD (Unión de Centro Democrático) salió victorioso.

Durante su mandato se consensuó y elaboró el texto de la Constitución española, lidió contra el terrorismo, la inflación y una descentralización del poder del Estado que dio lugar a la creación de las autonomías. Pero las críticas que recibió en su última etapa, así como la crisis interna de UCD, le llevó en el año 1981 a dimitir.

Los politólogos le definen como un monstruo de la política, repleto de carisma y seducción, siendo denominado por algunos como «el Kennedy español».

Pero como ya saben, para hacer un buen análisis, no me gusta tener en cuenta todas estas suposiciones, y para ello, me basaré en el estudio de sus «firmas» y lo escribo entre comillas, porque al indagar sobre algunas de ellas he podido apreciar que muchas no correspondían a Suárez. Y es que, al parecer, algunas fuentes revelan que debido a la cantidad de trabajo que tenía en la Moncloa, así como una enorme cantidad de peticiones que recibía de sus fans (especialmente de mujeres), decidió contratar a un falsificador para que le rubricara algunas dedicatorias, pero no se asusten, que los documentos importantes los firmaba él.

Adolfo Suárez

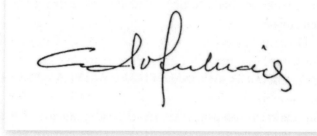

Si aprecian ambas firmas, tanto en la original como la falsificada, se observan diferencias en los finales del escrito que, como ya explico en anteriores capítulos, los desenlaces de la firma están relacionados con la zona más inconsciente, cuando la mano se encuentra más relajada y donde normalmente el falsificador revela su identidad.

Adolfo Suárez siempre ejecutaba formas curvas al final de la firma y todo ello junto a una presión, dirección y tamaño que no coinciden, revelan que esa primera firma no la ejecutó el denominado Kennedy español. Por lo tanto, todo apunta a que es cierto que tenía una mano negra que le ayudaba a firmar algunas fotografías o dedicatorias. Lo curioso es que, aunque las fuentes afirman que contrató a un falsificador, he podido apreciar falsificaciones estupendas y otras más chapuceras, lo que da a entender que, aunque tenía a un experto de la simulación contratado, también podría contar con el apoyo de alguna persona más inexperta que le firmaba algunos autógrafos a sus numerosas fans.

Pero al tener la firma original, podemos salsear sobre su verdadera esencia. En ella contemplo una letra que se caracterizaba por tener formas mixtas con predominio de curvas, crestas pronunciadas, continuidad gráfica, inclinación centrada y apertura en algunas de sus letras. Todo ello revela facilidad de palabra, idealismo, seducción, liderazgo, capacidad de escucha y necesidad de contacto con los otros, pudiendo pecar de dependencia emocional en sus relaciones personales.

El hecho de no ejecutar ninguna rúbrica, algo poco frecuente en las firmas españolas, indica naturalidad y transparencia.

Todas estas peculiaridades definen una personalidad repleta de carisma y con capacidad para llegar a los otros, pudiendo llegar a ser complaciente, por esa necesidad de reconocimiento y búsqueda de equilibrio.

¿ERA CARISMÁTICO FELIPE GONZÁLEZ?

Abogado laboralista, líder del Partido Socialista Obrero Español (PSOE) que gobernó en España durante catorce años. Considerado por muchos como una de las figuras más relevantes de la transición democrática.

Durante su legislatura impulsó una serie de reformas basadas en políticas sociales, amplió la enseñanza pública gratuita hasta los dieciséis años, reformuló el sistema sanitario y asentó la democracia con el llamado Estado de Bienestar, entre muchas otras cosas. Pero durante su mandato también recibió fuertes críticas por las tensiones políticas y la crisis económica.

Los expertos le definen como un sujeto con una personalidad arrolladora, con cierta vehemencia y repleto de carisma. Pero, sin explayarme más, vamos a la cuestión grafológica para desgranar su carácter más recóndito.

Felipe González

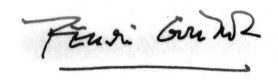

*Firma de Felipe
González, con
gancho en la
rúbrica*

Su firma tiene un trazo fuerte, con formas mixtas y una rúbrica sencilla en forma de subrayado. Todas estas características revelan aplomo, inteligencia y constancia. Me llama la atención el pequeño gancho que ejecuta al final de la rúbrica. Este gesto en grafología denota cordialidad, pero también posesividad y desconfianza, la persona tiene cierta tendencia a sospechar del entorno.

Su escritura define el carácter de una persona diplomática, con seguridad y perseverancia para defender sus intereses; tiene habilidades para relacionarse con el entorno, pero a su vez es suspicaz, lo que le lleva a ser selectivo y cauteloso en sus relaciones personales.

Estas son las firmas de dos políticos que fueron relevantes en el siglo XX y que contaron con el apoyo y también con el recelo de muchos españoles.

A pesar de ser muy diferentes, en ambos escritos prevalece el magnetismo para llegar a los otros, pero a su vez, ciertas inseguridades que ellos mismos camuflaban bajo una apariencia firme y convincente.

Trazos inexorables que prevalecerán en el tiempo y que relatan una parte de la democracia española.

11

Las firmas de los artistas

LA CREATIVIDAD EN LA ESCRITURA

El artista es la persona más solitaria del mundo: porque vive, se esfuerza,
lucha, muere y resucita a solas, siempre a solas.
(Anaïs Nin).

Ya lo decía la escritora Anaïs Nin, «el artista es la persona más solitaria del mundo», y es que, para crear se necesita estar solo. Pero es una soledad buscada, adictiva y placentera que solo aquellos que crean, saben saborearla.

Esa capacidad de imaginar la suelen poseer aquellos que tienen más desarrollado el hemisferio derecho del cerebro. Como al escribir nuestras manos conectan con multitud de terminaciones nerviosas, y más en concreto con nuestra mente, sin apenas darnos cuenta hacemos trazos en la escritura que también nos hablan de nuestras habilidades artísticas.

También podemos descubrir qué tipo de ingenio tenemos. Por ejemplo, los pintores tienen una creatividad de tipo plástica más notoria, a diferencia de los músicos, que tienen un idealismo más abstracto.

Todas estas peculiaridades, así como esa soledad buscada que predomina en las firmas de muchos personajes que forman parte de la cultura, las desvelaré analizando a diferentes artistas de diferentes ámbitos para que podáis detectar su ingenio, así como sus luces y sus sombras.

Las firmas de los pintores

El pintor necesita hacer visible lo que siente a través de un lienzo, posee una creatividad de tipo plástica que está relacionada con las formas, texturas y colores. En definitiva, con todo aquello que podemos ver o palpar a través de los sentidos.

Las firmas de los pintores suelen tener una buena psicomotricidad gráfica, les gusta jugar con el trazo y tienden a tener pies prolongados de las letras.

Para que lo entiendan de una manera ilustrativa, os expondré las firmas de dos artistas reconocidos que comparten varias características gráficas que revelan creatividad.

La sensibilidad de Kandinsky
a través de su firma

Fue un pintor de origen ruso y pionero en el movimiento del arte abstracto del siglo xx. Para Kandinsky, el arte residía en la simplificación del trazo, las siluetas, la forma y el color.

Muchos artistas abstractos se basaron en el psicoanálisis y en las técnicas proyectivas gráficas, herramientas que forman parte de la psicología y que comparten muchas similitudes con la grafología, tal y como explico en mi libro *Lo que revelan los dibujos de tus hijos. Y los tuyos...*

Pero volviendo a la cuestión, Kandinsky fue polifacético, desde muy joven compaginó sus estudios de Derecho y Economía con el dibujo, hasta que a los 30 años decidió abandonar todo para centrarse de lleno en la pintura.

160

Firma de Kandinsky. Pie prolongado

Y como el arte es subjetivo, se ganó muchas críticas, pero a su vez muchos seguidores. Se sentía incomprendido, pero a pesar de ello siguió defendiendo su postura. Luchó para defender lo que hoy conocemos como el arte abstracto.

De su firma destaco varias características gráficas que simbolizan la creatividad, como el pie pronunciado de la letra «y», las formas curvas con cohesión desligada, así como una buena psicomotricidad gráfica.

Su firma refleja que fue una persona sensible, con necesidad de llevar a la práctica sus ideas, con un pensamiento inductivo y reflexivo, que le gustaba guiarse por sus corazonadas y profundizar sobre las mismas.

Cabe destacar las letras desligadas, que se asocian a una soledad buscada. La persona se refugia en su propio mundo interior, cualidad necesaria para poder crear.

EL CAOS DE PICASSO EN SU ESCRITURA

Artista malagueño, uno de los grandes pintores españoles del siglo XX, impulsó movimientos artísticos que rompían con la figuración tradicional, fue un genio que trabajó muchísimas disciplinas.

A nivel artístico le definen como un artista elocuente, revolucionario y vital, pero a nivel personal las opiniones no son tan buenas, y es que según cuentan fue un narcisista, mujeriego empedernido que trató con despotismo a sus mujeres y amantes. No obstante, sus amistades le definen como un buen amigo y a lo largo de su vida se supo rodear de diversas personalidades célebres de aquel entonces, como el escritor Rafel Alberti, el torero Luis Miguel Dominguín o el poeta Paul Éluard entre muchos otros.

Contemplando su firma observo unas letras totalmente desligadas, las letras tienen forma de palo y ejecutaba una rúbrica en forma de subrayado, signos gráficos que revelan independencia, necesidad de reconocimiento y terquedad.

El punto alto de la letra «i» es un signo gráfico que también se asocia al idealismo y capacidad de precisión.

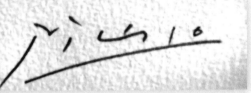

Firma de Pablo Picasso

Indagando en más escritos de Picasso me encuentro con una letra totalmente caótica y desordenada, con alteraciones notables en la presión y poco espacio entre renglones. Estas diferencias gráficas revelan que era una persona que se comportaba de una manera u otra dependiendo del entorno en el que estuviera. Tenía una necesidad extrema de imponer sus ideas y una elevada capacidad para improvisar e imaginar.

A pesar de que la letra es un tanto desordenada, aparecen trazos que manifiestan creatividad como las alteraciones en el trazo, barras de la letra «t» altas y pies que tienden a prolongarse, peculiaridades que a su vez reflejan que era dominante, nostálgico y con una necesidad constante de disfrute.

Barra de la letra «t» alta

Todas estas características definen una personalidad orgullosa, anárquica, rebelde, inestable y dominante. Podría pecar de exceso de egoísmo, ya que de algún modo vivía en su propio caos, sin importarle demasiado el resto.

Como pueden apreciar, a pesar de ser dos pintores con unas personalidades muy distintas, en ambos queda reflejada su capacidad para crear y perderse en sus propias fantasías, ya que tuvieron una necesidad insaciable de plasmar sus emociones en un lienzo.

LAS FIRMAS DE LOS ESCRITORES

Yo no escribo para agradar ni tampoco para desagradar.
Escribo para desasosegar.
(José Saramago).

La facilidad para contar y plasmar historias, ya sea a través de la escritura o la palabra, está relacionada con la creatividad literaria, a diferencia de la plástica. Este tipo de creatividad se caracteriza por la necesidad de transmitir y llegar al receptor a través del mensaje. Se asocia a personas con imaginación, capacidad de observación, empáticas y reflexivas.

El escritor necesita contar aquello que percibe o siente.

La letra de los escritores se suele encontrar en esas primeras páginas de un libro, donde el autor dedica unas palabras al lector. Su grafía se caracteriza por crestas pronunciadas, formas curvas y en muchas ocasiones aparecen trazos que simbolizan nostalgia.

A través de la grafología podemos desnudar el alma de aquellas dedicatorias que aparecen en sus obras, letras donde despojan su identidad, esa que va más allá del mensaje que desean transmitirnos.

A continuación, vamos a profundizar sobre las firmas de dos escritores reconocidos y donde encontraréis algunas peculiaridades gráficas que predominan en las letras de los literatos.

¿Era histriónico Camilo José Cela?

Camilo José Cela fue un escritor relevante del siglo XX, trabajó como periodista, confidente, censor, articulista entre muchas otras cosas. También quiso ser torero y empezó a estudiar Medicina, aunque pronto abandonó los estudios para asistir como oyente a clases en la Facultad de Filosofía y Letras del poeta Pedro Salinas, figura que fue relevante para su carrera como escritor.

Formó parte de la Real Academia Española y recibió numerosos galardones como el Premio Príncipe de Asturias, el Premio

Nobel de la Literatura en 1989 y el Premio Miguel de Cervantes.

Según su historial se puede decir que fue polifacético, pero otras fuentes le describen como histriónico y complicado. Veremos si su firma lo confirma…

Lo primero que llama la atención de su escritura son las mayúsculas grandes con crestas pronunciadas y gestos curvos que simbolizan altivez, reserva e imaginación. La persona necesita la aprobación de los otros.

Las letras están desligadas, gesto que revela que era una persona independiente, un lobo solitario que anhelaba el silencio y la soledad. Por otro lado, la rúbrica es en forma de subrayado, que ejecutaba en dirección descendente e indica pesimismo, nostalgia y tristeza.

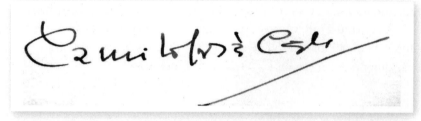

Firma de Camilo José Cela. Crestas pronunciadas

En su escritura observo histrionismo en las cretas pronunciadas, pero a su vez creatividad e insatisfacción. Era un inconformista que necesitó expresar su descontento a través de la palabra. Por eso, quizás en la escritura encontró el refugio para calmar su pesadumbre y aflicción.

¿Era apasionada Almudena Grandes?

Ha sido una de las escritoras más reconocidas de nuestro país en los últimos años. Desde niña quiso serlo, pero por voluntad de su familia estudió Geografía e Historia. Tras licenciarse sin motivación ninguna, trabajó como correctora y coordinadora en guías turístico-culturales.

Ella no dejó de conservar su pasión por escribir y con veintinueve años publicó su primera novela titulada *Las edades de Lulú*, con la que adquirió gran éxito y recibió el premio Sonrisa Vertical de novela erótica.

Después continuó adquiriendo fama y publicó varias obras como *Te llamaré Viernes* o *Malena es un nombre de tango*. También fue la primera mujer en recibir en 1997 el Premio Rossone d´Oro.

Su capacidad de oratoria la llevó a ser tertuliana en la radio y columnista habitual en el periódico *El País*.

Los que la conocieron la definen como franca, apasionada, inquieta, fiel a sus principios y a los suyos. Ella en alguna que otra entrevista, se llegó a definir como algo soberbia, aunque la realidad es que su imagen transmitía cercanía y humildad.

Almudena Grandes y su firma. Final de rúbrica en «colmillo de jabalí».

Pero, como ya saben, me gusta profundizar en lo que revela su firma, y así descubrir si realmente era engreída o, como ella misma se definía, algo altanera.

Escritura con continuidad gráfica, crestas pronunciadas y predominio de formas curvas. Todas estas peculiaridades revelan sensibilidad, vehemencia, habilidades sociales, facilidad de palabra e imaginación, pero también orgullo.

Quiero destacar un gesto tipo que en grafología tiene un nombre peculiar por su forma y se denomina *colmillo de jabalí*. Este trazo de forma angulosa que se dirige hacia la zona superior y aparece en los finales de un escrito, manifiesta sarcasmo, tozudez y brusquedad. Era combativa cuando se sentía dolida y como tenía facilidad de palabra, podría llegar a responder de manera incisiva, ágil e incluso irónica.

Según su grafía, la definiría como una mujer inteligente, emocional, creativa, sociable y leal a sus ideas, pero a su vez rebelde, algo terca y orgullosa. Una apasionada de la vida que defendía con fervor todo aquello en lo que creía.

Camilo José Cela y Almudena Grandes, dos escritores muy dispares, tanto en su manera de escribir como en su ideología y personalidad, pero los dos contaban con una característica común y era esa elevada capacidad para crear a través de la palabra. Características que aparecen reflejadas en sus manuscritos y en sus obras, y que nos dejan un legado lleno de riqueza literaria.

LAS FIRMAS DE LOS CANTANTES

La música tiene poder sanador. Tiene la habilidad de sacar a la gente fuera de sí misma durante unas horas.
(Elton John).

La música es el arte más abstracto. A diferencia de una obra que podemos visualizar y presenciar sus texturas y colores, cuando escuchamos una canción no vemos nada, solo escuchamos y sentimos.

Los cantantes tienen que empatizar con sus canciones para poder interpretarlas; el compositor tiene que tener capacidad narrativa, pero también debe encontrar la sintonía adecuada para que esa canción tenga ritmo; y el músico es el artista más abstracto, no necesita entender su melodía, solo necesita sentirla.

Los últimos estudios dicen que los músicos suelen tener desarrollados por igual ambos hemisferios del cerebro. Por un lado, el hemisferio derecho les da la habilidad para interpretar y componer a través de la escritura y el hemisferio izquierdo les permite tener la capacidad de leer de manera simultánea los símbolos musicales. De hecho, una peculiaridad gráfica que me he encontrado en los músicos cuando escriben, es que muchos de ellos son ambidiestros, característica que se suele dar en las personas que trabajan por igual los dos hemisferios.

La creatividad musical consiste en la habilidad de generar sensaciones a través del sonido, dicha facultad queda reflejada en sus manuscritos en los que aparecen crestas pronunciadas, amplia velocidad gráfica y tendencia a ocupar las zonas superiores del papel.

Gestos gráficos que indican idealismo, inteligencia emocional y espiritualidad.

Para que lo puedan comprobar, he escogido las firmas de dos cantantes que forman parte de la historia de la música.

¿ERA FANÁTICO CAMILO SESTO?

Camilo Sesto fue un cantautor y productor que adquirió gran fama en la década de los 70. Desde bien pequeño soñaba con ser pintor y cantante, sus primeros pasos en el mundo de la música fueron con tan solo dieciséis años, en un pequeño grupo de rock llamado Los Dayson, hasta que años más tarde se integró en la banda Los Botines.

También trabajó en el cine y se ganó la vida haciendo coros, pero su éxito llega con el álbum *Algo de mí* en 1972. Fue un artista que alcanzó grandes récords, vendió más de 100 millones de discos y tiene más de 500 canciones registradas a su nombre.

También fue productor, creó el musical *Jesucristo Superstar* en Madrid. Era bueno interpretando y componiendo, de hecho, compuso varias canciones a otros artistas, como Miguel Bosé.

Firma de Camilo Sesto. Cresta de gran tamaño

A nivel personal, aquellos que le conocieron le definen como una persona reservada, algo ambiguo y fanático; pero veremos qué revela su escritura…

Lo primero que llama la atención es la cresta curva y pronunciada de la letra «C» con unas letras ligadas y formas onduladas. Todas estas características reflejan una fuerte carga emocional, con capacidad para crear, pudiendo tener pensamientos recurrentes y cierta tendencia a perderse en su propio mundo interior.

La cohesión ligada de sus letras junto a trazos curvos indican que, a lo largo de su vida, pudo estar una eterna lucha interior por dejarse llevar por sus pensamientos o percepciones. Era entregado y servicial a nivel emocional, pero se ponía una especia de coraza.

La rúbrica regresiva que finaliza en la zona de la izquierda simboliza nostalgia y apego al pasado.

Observo ciertos trazos que indican fanatismo en su escritura, principalmente en la tendencia que tenía a ocupar las zonas superiores del papel. Gestos que también revelan perfeccionismo y espiritualidad, pero a su vez era extremadamente sensible y cauteloso para expresar sus sentimientos más profundos.

LA EMPATÍA DE RAFFAELLA CARRÀ
A TRAVÉS DE SU FIRMA

Raffaella Carrà fue una cantante italiana que deslumbró en el cine, la danza, la música y el teatro. Un icono para varias generaciones.

Quiso ser artista desde niña, estudió danza y con tan solo nueve años interpretó un pequeño papel en el cine, en la película *Tormento del passato*.

Años más tarde trabajó en televisión, tanto en Italia como en España, donde presentó, cantó e interpretó. Fue una revolucionaria en aquella época hablando con naturalidad sobre el amor libre, el divorcio, la homosexualidad o el aborto.

A mediados de los años 70 empieza a adquirir éxito con sus canciones, algunas de ellas seguro que alguna vez las habéis cantado o bailado, como por ejemplo *En el amor todo es empezar* o *Hay que venir al sur*.

Como dato curioso, os contaré que Raffaella era aficionada a la grafología y le gustaba ojear las firmas de algunas personas con las que trabajaba.

Firma de Raffaella Carrà

Los que la conocieron la definen como una mujer revoluciona-ria, carismática con desparpajo y supersticiosa, de hecho, no vestía de color violeta, porque es el color que en Italia se asocia a la mala suerte.

Pero sin tener en cuenta dichas premisas, vamos a ver su caligrafía.

Tenía una firma repleta de trazos curvos, bastante rápida y con tendencia a ocupar tanto las zonas superiores como inferiores. Gestos gráficos que simbolizan sensibilidad, habilidades sociales, inteligen-cia emocional y necesidad de llevar a cabo todas sus ideas, ya que aparece prácticamente la misma proporción en los pies y crestas de la letra «f».

Contemplando su escritura, creo que la clave de su éxito no fue solo su voz y facilidad para interpretar, sino también esa habilidad de transmitir y llegar a los otros, ya que en su letra se aprecia una elevada capacidad para comprender y adaptarse a diferentes entornos.

El hecho de alternar dos tipos distintos de letra «a» revela que po-dría llegar a ser variable y con cierta labilidad emocional.

Una firma en la que destaca su creatividad, empatía e instinto.

Tanto en la escritura de Camilo Sesto como en la de Raffaella Carrà observo varias similitudes; ambos eran ingeniosos, sensibles e idealistas, pero su manera de expresarse era totalmente distinta. Camilo se refugiaba en su propio mundo y Raffaella se expandía.

Dos firmas donde queda reflejada la creatividad abstracta y espiri-tual que forma parte de la música.

Las firmas de los directores
y actores de cine

Los actores, artistas y cineastas pueden experimentar las vidas
de otras personas, historias o experiencias que uno puede llegar
a tener personalmente. Eso es lo más divertido de mi trabajo.
(Robert de Niro).

Como he mencionado en capítulos anteriores, el actor debe canalizar y empatizar con el personaje para interpretar un determinado papel, por eso es fundamental que tenga capacidad empática. Y el director no solo debe tener dotes de liderazgo y una buena visión para llevar a cabo una película, también debe saber motivar a todos los que llevan la producción de una obra.

Pero, lo más importante, deben tener lo que se conoce como creatividad mimética, que consiste en imitar ideas existentes para obtener como resultado una idea única. Este tipo de creatividad también se da en otras profesiones, como por ejemplo en los diseñadores de moda que buscan inspiración en otras creaciones para crear nuevos diseños.

La creatividad mimética se suele manifestar con firmas que suelen tener detalles o adornos, muchas de ellas se ejecutan en dos planos, con trazos curvos y signos gráficos que revelan capacidad de detallismo y observación.

Para que lo entiendan de una manera ilustrativa vamos a salsear sobre las grafías de un director de cine y una actriz, en las que se puede apreciar la creatividad mimética.

La ironía de Luis Buñuel
a través de su firma

Luis Buñuel es considerado como una de las grandes figuras de la historia del cine del siglo xx. Fue director, guionista y también hizo sus pinitos como actor. Es reconocido a nivel internacional por sus obras surrealistas e ingeniosas.

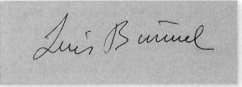

Luis Buñuel

Su camino hasta alcanzar el éxito no fue fácil; antes de dedicarse a ello empezó a estudiar en Madrid Ingeniería Agrónoma, pero finalmente se licenció en Filosofía y Letras. Durante su estancia en la capital hizo grandes amigos como el escritor Federico García Lorca y el artista Salvador Dalí.

A partir de la década de los años 20 es cuando decide convertirse en cineasta, inspirándose en la película *Las tres luces*; en esta etapa viajó a París y fue crítico de cine, ayudante de dirección y actor.

En el año 1929, con la colaboración de su amigo Dalí, estrena su primera obra *Un perro andaluz*. Su segunda película *La edad de oro* fue censurada al tratar temas que, para aquella época, eran un gran escándalo, como la libertad sexual, la crítica a la Iglesia o la corrupción moral.

Años más tarde, durante la guerra civil española, trabajó en diferentes proyectos que no alcanzaron éxito y estuvo a punto de abandonar el mundo del cine. Menos mal que no lo hizo, porque después su reconocimiento no cesó y dirigió varias películas entre ellas *El gran calavera y Los olvidados*, donde obtuvo el premio al mejor director en el Festival de Cannes en 1951.

Como persona, los expertos le describen como un tipo escéptico y provocador. Veremos a ver si su escritura así lo revela.

Poseía una firma sin rúbrica, con crestas , formas mixtas y predominio de ángulo en la letra «L». Las letras se encuentran ligadas y la escritura, a pesar de ser rápida, no pierde detalle en los signos de puntuación. Todos estos gestos indican ironía, inteligencia emocional y terquedad. Incluso se podría decir que Luis Buñuel podría aparentar cierto despiste, pero en el fondo era una persona tremendamente analítica y observadora.

El hecho de no ejecutar rúbrica, algo poco habitual en las firmas de personas con cultura hispana o latina, revela transparencia y honestidad.

Según su firma se podría decir que era algo escéptico, ya que de algún modo se observa pragmatismo en su escritura. Sin embargo, más que provocación aprecio cierta naturalidad para defender sus intereses, sin ninguna necesidad de querer destacar o llamar la atención.

Una escritura donde queda latente el ingenio, la inteligencia, la ironía y el humor negro que mostró en algunas de sus creaciones. Y es que no podemos olvidar que el sarcasmo es la manifestación más pura de la inteligencia creativa.

La jovialidad de Veronica Forqué
A TRAVÉS DE SU FIRMA

Verónica Forqué fue una actriz española, ganadora de cuatro premios Goya. Estuvo vinculada al mundo de la interpretación desde muy pequeña, ya que sus dos padres eran artistas. Su madre fue escritora especializada en cuentos infantiles y su padre productor y director de cine.

En muchas de sus entrevistas cuenta que la película *Mary Poppins* le inspiró para ser actriz con tan solo nueve años, y aunque en un principio se matriculó en Psicología lo acabó dejando para dedicarse a su pasión y, finalmente, estudió Arte Dramático.

Verónica Forqué

Su primera aparición fue en el cine con la película *Mi querida señorita*, pero la fama le llegó en los años 80 de la mano de Pedro Almodóvar. Desde entonces fue adquiriendo popularidad con su interpretación en numerosas obras.

A pesar de tener mucho éxito en el cine, ella reconoció en diversas entrevistas que lo que más le apasionaba era el teatro, donde triunfó con obras como *¡Sublime decisión!* o *Doña Rosita la soltera*.

Su vida profesional fue un auténtico éxito, siendo una de las actrices más premiadas en la historia del cine español; sin embargo, su vida personal fue un auténtico calvario, su relación con el que fue su marido, el director Manuel Iborra, no fue tan idílica como aparentaba y en sus últimos años sufrió varias depresiones.

Aún recuerdo sus últimas apariciones en televisión, donde se podría apreciar una mirada triste y pocas ganas de vivir; sin embargo, el público quiso señalarla y tacharla de *loca*, cuando lo que se podía ver era a una mujer pidiendo ayuda.

Finalmente, en diciembre 2021, Forqué se suicidó, los medios se hicieron eco de la noticia y aquellos que la tacharon de *pirada* tuvieron que tragarse sus palabras.

Un personaje con una vida impactante, que me despierta una gran curiosidad para analizar su firma, en la que por cierto, se aprecia una elevada creatividad mimética.

Firma de Verónica Forqué, con adorno

Los trazos son curvos, con adornos y tendencia a ejecutar sus escritos en dos planos, es decir, escribía las palabras en dos renglones diferenciados, no en la misma línea; la cohesión es mixta y las letras bailan. Todas estas peculiaridades gráficas indican creatividad, capacidad de adaptación y carisma. Sin embargo, las letras que bailan con unas formas curvas muy marcadas, revelan hipersensibilidad y cambios de humor.

Los adornos son detalles que aparecen en muchas firmas de actores, que manifiestan ingenio y un carácter algo infantil.

No solía ejecutar rúbrica, solo escrito, gesto que junto a unas formas sinuosas indican ingenuidad y honestidad, pudiendo pecar a veces de ser demasiado inocente.

Se aprecian trazos que aparecen en los escritos suicidas como las formas curvas que bailan y cohesión mixta. Lo que más destaca de su firma es la niña interior que permanece en cada una de sus letras, donde queda latente la calidez y transparencia que siempre la definió. Una mujer que sufrió, pero que sin embargo, nunca perdió su sonrisa.

Tanto en las firmas del director Luis Buñuel como la de la actriz Verónica Forqué, se observa creatividad mimética, así como capacidad para ponerse en el lugar del otro.

Dos grafías con trazos libres y legibles, donde no se tachan nombres ni se ensucia el escrito y que definen el alma de dos personas que serán irremplazables en el mundo de la interpretación.

A través de los salseos grafológicos de diferentes artistas se puede detectar los diferentes tipos de creatividad y su personalidad más insondable que se manifiesta en sus firmas y es que, tal y como dijo Federico Fellini: «Todo arte es autobiográfico».

12

Las firmas de los médicos

¿POR QUÉ NO SE ENTIENDE LA LETRA DE LOS MÉDICOS?

> *Donde quiera que se ame el arte de la medicina,*
> *se ama también a la humanidad.*
> *(Platón).*

Seguro que muchas veces habéis intentando desgranar la letra del médico en las recetas y tal vez os habéis preguntado por qué casi nunca su letra es legible.

La ilegibilidad de su escritura corresponde a esa rapidez y dominio que tienen a la hora de escribir, pero también al tipo de pensamiento racional y lógico que se suele dar en los doctores. A diferencia de los artistas, que su lado dominante del cerebro es el hemisferio derecho, el cual se relaciona con la emoción y la creatividad, en el caso de los médicos o científicos suele predominar el hemisferio izquierdo del cerebro, es decir, aquel que se asocia con el raciocinio y la lógica. Y esto, también se ve reflejado en su escritura.

He estado indagando en las recetas y las firmas de algunos médicos, tanto actuales como aquellos que forman parte de la historia de la medicina, y he llegado a algunas conclusiones que espero que os sirvan de ayuda y donde, probablemente, llegaréis a comprender por qué escriben de esa manera.

A continuación, os expondré algunas de las características de sus letras, para poderlo visualizar de una manera clara y dinámica.

LETRAS LIGADAS. La continuidad gráfica con escritos y firmas totalmente ligados, donde no se ejecuta un parón en el escrito, se asocia al tipo de pensamiento lógico y es habitual en los expertos del mundo de la medicina.

Esta correlación de la escritura ligada con el tipo de pensamiento racional se asocia a la continuidad gráfica porque precisamente la razón necesita constantemente una causa o explicación para llegar a un resultado, a diferencia del pensamiento inductivo que se asocia más a las corazonadas y a aquello que sentimos y no necesita una causa para llegar a una conclusión.

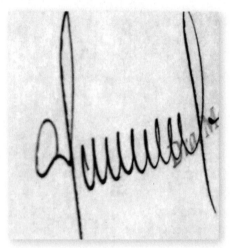

Por eso la escritura ligada se relaciona con el pensamiento racional y la escritura desligada con el pensamiento inductivo.

Letras ligadas.
Firma de una doctora de 37 años

ESCRITURAS EN FORMA DE HILO. La escritura en forma de hilo es aquella que en grafología se denomina *filiforme,* el escrito es tan rápido y se ejecuta a tanta velocidad que va perdiendo forma.

Este tipo de grafía se da en personas activas, bastante agiles y rápidas en la toma de decisiones y con exceso de racionalidad. Al ser escritos tan veloces y ligados suelen ser ilegibles.

Este tipo de letra es la que se suele dar en las recetas de los médicos.

Receta de un médico
de 66 años

RASGO DEL PROCURADOR. El *rasgo del procurador* es un gesto gráfico que consiste en prolongar las letras generando pequeñas líneas horizontales en los finales de las palabras. Es habitual en las letras filiformes y muy frecuente en la escritura de los médicos.

Indica necesidad de control, desconfianza, cautela y exceso de actividad, características que también son habituales en la profesión de los procuradores, que de algún modo necesitan tenerlo todo en orden.

Margaret Sanger fue una enfermera y activista norteamericana que ejecutaba este rasgo en sus escritos.

Su vida es un tanto curiosa porque gracias a ella conocemos los métodos anticonceptivos, y es que Margaret se empezó a documentar sobre la salud sexual en una época en la que el sexo era un tema tabú.

Su interés surge a causa de la delicada salud que sufrió su madre a lo largo de su vida, ya que tuvo once hijos y siete abortos que le provocaron una debilidad que acabó con su vida; pero también

Margaret Sanger (1879-1966)

al contemplar como enfermera la cantidad de abortos clandestinos que generaban la muerte de muchas mujeres en Estados Unidos a principios del siglo xx.

Fundó una revista titulada *Mujer rebelde*, donde exponía sus teorías sobre la necesidad de desarrollar métodos anticonceptivos para evitar los embarazos no deseados, y también creó la primera clínica de control de la natalidad en Estados Unidos, que duró tan solo nueve días, ya que la cerraron porque fue condenada por un delito de obscenidad.

De la mano del biólogo Gregory Pincus, consiguieron financiación para la investigaron sobre la píldora anticonceptiva, que fue probada por primera vez en los años 50 en Estados Unidos.

Fue una mujer que generó mucho ruido a principios del siglo XX por defender la salud sexual, los métodos anticonceptivos y evitar abortos inseguros. Ella defendía la maternidad libre en una época donde ser madre era, para muchas mujeres, una imposición social más que un deseo y, ante todo se preocupó por informar y documentar sobre la salud sexual.

Las fuentes bibliográficas la definen como una mujer que tuvo un carácter fuerte, con cierta terquedad y rebeldía, pero para ello analizaré su escritura, donde *a priori* se aprecia el denominado *rasgo del procurador* y un trazo presionado.

Rasgo del procurador

Si aprecian el escrito se contemplan letras totalmente ligadas, ejecutadas a gran velocidad y con trazos que se prolongan, gestos gráficos habituales en las letras de los expertos en el mundo de la medicina. Llama la atención las barras altas de la letra «t» que simbolizan rebeldía y poca tolerancia para recibir órdenes. Todas estas peculiaridades reflejan un carácter analítico, mental, inquieto y algo desconfiado, teniendo la necesidad de planificar y organizar.

En cuanto a la firma de Margaret Sanger, la cohesión se encuentra tan unida que liga el final de la letra «t» con el apellido Sanger, y se aprecia una pequeña prolongación al final del escrito que, aunque no llega a ser el *rasgo del procurador*, sí es un trazo que revela control.

Cabe destacar los pies prolongados de las letras, especialmente la letra «g» que se asocia con la sexualidad, lo que revela cierta inquietud por la parte sexual, así como pragmatismo y necesidad de disfrute.

Margaret Sanger

Cohesión

Una escritura y una firma que definen el carácter de una mujer terrenal, desconfiada, analítica, curiosa y rebelde, que luchó por la libertad de la mujer para controlar y conocer su cuerpo.

PIES PROLONGADOS DE LAS LETRAS. La tendencia a prolongar las zonas inferiores de las letras revela escepticismo, la persona necesita ver para creer, característica habitual en los científicos y los médicos, donde necesitan comprobar desde la práctica y no tanto desde la espiritualidad.

La firma de Santiago Ramón y Cajal, médico español considerado el padre de la neurociencia y Premio Nobel, tenía ese gesto en su firma, es decir, prolongaba los pies de sus letras.

Ramón y Cajal fue polifacético y mostró interés por varias actividades, como el ajedrez, la astronomía, la novela científica, la literatura de ficción y el dibujo. De hecho le encantaba pintar y quería ser artista, pero su padre que era médico le inculcó sus valores en el mundo de la salud y le convenció para que estudiara Medicina.

No abandonó sus aficiones, pero estudió Medicina y, desde sus inicios,

Santiago Ramón y Cajal

indagó e investigó sobre las células nerviosas, desarrollando la doctrina de la neurona, que defiende que las neuronas son células cerebrales individuales y no un tejido conectado. Esto generó un revuelo en la ciencia y numerosas críticas; sin embargo, otros expertos le escucharon y analizaron sus teorías hasta que le dieron la razón.

Tras el reconocimiento que adquirió por el apoyo de algunos científicos y el Premio Nobel, siguió investigando y logró que en Madrid se creara el Laboratorio de Investigaciones Biológicas.

Los historiadores le definen como una persona inteligente y talentosa, pero también algo rebelde, ya que no le gustaba memorizar los conceptos que le enseñaban en la universidad y prefería investigar y cuestionar lo establecido.

Firma de Ramón y Cajal. Pie prolongado

Su firma se caracterizaba por letras ligadas con pies prolongados y rúbrica en forma de lazada, gestos que indican pragmatismo, carisma y perseverancia. De algún modo necesitaba llevar a la práctica sus ideas o teorías.

El hecho de ejecutar los trazos hacia la zona inferior junto a unas formas curvas también indica creatividad de tipo plástica y literaria, algo que concuerda al conocer un poco sobre su historia y descubrir que también le gustaba dibujar y escribir.

En su firma contemplo que, a pesar de tener un pensamiento racional, también tenía habilidades sociales e intuición, por el predominio de trazos sinuosos, lo que revela que probablemente tenía un buen ojo clínico.

Una grafía que define el alma de un genio que nos enseñó a pensar sobre nuestro cerebro, dejando un legado lleno de sabiduría que, a día de hoy, sigue resonando en las aulas de Medicina.

PUNTO DE LA LETRA «I» ALTO. La ciencia es observación y por eso la letra «i» juega un papel relevante en las recetas de los doctores.

En sus escritos predominan letras que se ejecutan a gran velocidad, pero sin perder los signos de puntuación, siendo habitual encontrarnos un punto alto en la letra «i» que indica minuciosidad y detallismo.

El hecho de ejecutarlo tan alto revela que la persona necesita observar con perspectiva y que no pierde

Punto alto de la letra «i». Receta de un médico

detalle cuando percibe el entorno, un signo gráfico que revela necesidad de análisis.

PRESENCIA DE FORMAS ANGULOSAS. Es frecuente encontrarnos en las recetas de los médicos la presencia de formas mixtas con predominio de ángulos. Los trazos angulosos en grafología se asocian a la racionalidad, la constancia y el empirismo, características propias en la profesión de los doctores.

Uno de los médicos que tenía esta peculiaridad gráfica y tuvo gran relevancia a principios del siglo XX, por ser considerado el padre del psicoanálisis, fue Sigmund Freud.

Sigmund Freud

Freud nació en Moravia, pero pasó la mayor parte de su vida en Viena, ya que su familia sufrió problemas económicos y tuvo que emigrar cuando Freud era niño. Desde muy pequeño mostró una notable inteligencia aprendiendo de forma autodidacta varios idiomas, hasta que a los 17 años comenzó sus estudios en Derecho. Sin embargo, pronto los abandonó por la Medicina especializándose en Neurología.

En sus inicios como profesional, comenzó a interesarse, desde la observación, en la compresión de los procesos mentales de las personas que acudían a sus consultas, lo que le llevó a crear más adelante las teorías del psicoanálisis, las etapas psicosexuales del desarrollo humano, la interpretación de los sueños, los mecanismos de defensa o la teoría del complejo de Edipo.

No obstante, recibió numerosas críticas por su falta de fundamento empírico y algunas interpretaciones subjetivas. De hecho, uno de los médicos que fue bastante crítico con Freud fue Santiago Ramón y Cajal. Pero también llegó a tener bastantes seguidores y tuvo mucho éxito en algunos países como Argentina, donde sus teorías actualmente cobran bastante importancia.

Las teorías del psicoanálisis a día de hoy han evolucionado y muchas de ellas, a pesar de considerarse obsoletas, se siguen estudiando y utilizando en Psicología, ya que sirven de ayuda para bucear en el inconsciente y comprender aspectos profundos de la personalidad de un individuo.

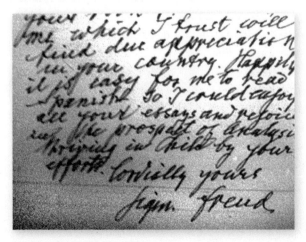

Escrito de Freud

En cuanto a la personalidad de Freud, las fuentes bibliográficas le definen como un hombre con aplomo, testarudo y perspicaz, pero también algo machista y arrogante. Seguro que su caligrafía nos aporta mayor información.

En su firma y su escritura lo que destaca es el exceso de formas angulosas, lo que ya nos revela que era una persona perseverante y mental, que junto a una inclinación progresiva con pies excesivamente prolongados indican que podría pecar de cierto fanatismo y vehemencia.

De su manuscrito también destaca la tendencia a no respetar los renglones. Todo ello junto a esas formas angulosas que ya he mencionado anteriormente nos muestra que podría llegar a ser obsesivo y rebelde, teniendo dificultad para acatar órdenes y seguir lo establecido.

De la firma se observa la ausencia de rúbrica y las pocas diferencias que se establecen respecto al texto, lo que manifiesta que era una persona clara y directa que se comportaba de la misma manera, tanto en el entorno personal como en el entorno social, pero también dominante, pudiendo pecar de no tener filtros para argumentar sus ideas.

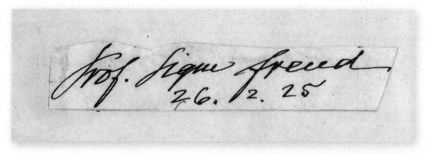

Firma completa de Freud, con el arpón al final

En la firma aparece un gesto tipo en el final de la letra «d», que se denomina *arpón*. Este trazo es habitual en escritos con mucha presencia de ángulos y aparece en los finales de las letras. Signo gráfico que nos indica que Freud podría sufrir bloqueos emocionales y un carácter algo irritable e inflexible con su entorno más próximo.

Una grafía que define el carácter de una persona indomable, constante, impulsiva y leal a sus propios principios.

Estas son las peculiaridades gráficas más relevantes en la escritura de los médicos, donde predomina el espíritu analítico, inquieto, minucioso y empírico que engloba la ciencia.

13

La agresividad en la escritura

EL USO DE LA GRAFOLOGÍA EN LA CÁRCEL

> *Siento placer lastimando a los seres vivos, animales*
> *y personas que fueran más débiles que yo.*
> *(Mary Bell).*

Como ya he mencionado en capítulos anteriores, la grafología es utilizada como prueba pericial caligráfica para determinar la autoría de un escrito, pero también han recurrido a ella psicólogos forenses o criminólogos que tienen estudios de grafología y quieren analizar la personalidad de un criminal, así como los cambios que se han ido dando en su personalidad desde su entrada en prisión, ya que es frecuente que los presos escriban cartas de su puño y letra desde la cárcel.

Muchos expertos han defendido la aplicación de la grafoterapia en los centros penitenciarios con el fin de intentar moldear las conductas de los presos en los procesos de reinserción. Este método consiste en la realización de determinados ejercicios psicomotrices gráficos para moldear la escritura de los reos y así transformar determinados aspectos psicológicos.

A mi modo de ver, considero que la grafoterapia es más efectiva en los centros de internamiento de menores, ya que todavía no tienen su personalidad formada y suelen ser más receptivos para querer cambiar algunas acciones que resultan perjudiciales. Pero es cierto que en muchos casos la grafoterapia ha servido de ayuda en adultos, no tanto para cambiar la esencia de la persona, pero sí la actitud que tienen ante la vida.

Mientras que la grafología te invita a trabajar el autoconocimiento y desgranar aspectos de tu personalidad que desconoces, la grafoterapia te ayuda a reformar aquellos aspectos que te incomodan. Pero para ello antes es necesario mirarse a ese espejo llamado folio y conocer nuestra verdadera naturaleza.

La grafología te dirá quién eres y la grafoterapia te dirá quién puedes llegar a ser.

La agresividad de la escritura. La huella del asesino

Una persona que tenga un grado muy elevado de agresividad, de necesidad de estímulo y de necesidad de dominio para sustituir su ausencia de emociones, tiene más posibilidades de convertirse en un asesino o un asesino en serie.
(Eduardo Punset).

La escritura es nuestra huella gráfica y se puede contemplar en los manuscritos nuestra verdadera identidad y, en el caso de los asesinos, sus conductas agresivas que les llevan a delinquir.

Lo curioso es que algunos de ellos se interesan durante su estancia en prisión por estudiar Criminología, Derecho y también Grafología, ya que el conocimiento les dará poder para desenvolverse mejor en los diferentes procesos judiciales.

El hecho de interesarse por el mundo de la grafología genera que muchas de las cartas que escriben los asesinos a las víctimas las ejecuten en mayúsculas, ya que de algún modo, dificulta el análisis grafológico al que pueden acceder expertos. No obstante, tal y como he mencionado en otros capítulos, aunque escriban en mayúsculas habrá rasgos espontáneos que desnudarán su verdadera identidad.

La agresividad es un rasgo que se ve con facilidad en la escritura de los criminales, suele revelarse con exceso de trazos angulosos y presionados, así como formas puntiagudas en los pies y crestas de las letras. También podemos desnudar la agresividad pasiva, es decir, aquella que se suele dar desde la manipulación y el engaño, siendo habitual en delincuentes. Este tipo de agresividad se suele manifestar con formas angulosas en la zona de la derecha y algunas formas curvas que revelan seducción.

En sus firmas he podido apreciar otros rasgos como el ego, la astucia, el engaño, la sagacidad y reserva.

Para ello, os iré desvelando los trazos que aparecen en sus letras con el análisis de manuscritos de diferentes asesinos relevantes en la historia criminalística, tales como Jack el Destripador, Charles Manson, El asesino del zodiaco y Ana Julia Quezada.

¿QUIÉN SE ESCONDE DETRÁS DE LAS CARTAS DE JACK EL DESTRIPADOR?

Jack el Destripador fue el asesino más famoso de Londres a finales del siglo XIX, cometía asesinatos en el distrito de Whitechapel, un barrio londinense humilde y peligroso.

Sus víctimas eran prostitutas y fueron cinco reconocidas oficialmente, aunque algunas fuentes revelan que hubo muchas más.

La identidad del autor sigue siendo una incógnita; de hecho a día de hoy los expertos han seguido indagando con métodos más avanzados y no han obtenido respuesta.

A nivel grafológico es un personaje de sumo interés, ya que la policía recibió un total de 200 cartas donde firmaba como «Jack el Destripador», pero la gran mayoría fueron falsas. Sin embargo, los expertos coinciden en que una de ellas podría haber sido escrita por el criminal.

A continuación, voy a analizar dos de ellas; la que creen que fue escrita por el asesino y otra carta un tanto curiosa que, a mi modo de ver como perito, fue escrita por una persona totalmente distinta.

Debemos tener en cuenta que ambas cartas están escritas a finales del siglo xix, cuando la grafología empezaba a adquirir auge entre las clases nobles y comenzaban los primeros estudios grafológicos. Este dato es relevante, por el hecho de encontrarnos psicomotricidad gráfica en las letras, o por el contrario si encontramos poca destreza, nos puede dar pistas sobre el nivel cultural de los individuos que se escondían detrás de las mismas.

Empezaré con el análisis de su carta más conocida, la que la policía apuntaba a que podría ser la del verdadero asesino.

Carta manuscrita del 15/10/1988 de Jack el Destripador

Lo primero que llama la atención son las formas amplias de las letras, junto a unos pies excesivamente prolongados que no respetan los renglones. Esta peculiaridad es habitual en los criminales y refleja necesidad de imponer su criterio, un carácter autoritario, invasivo, rebelde, subjetivo y con pocos escrúpulos.

Cabe destacar la tendencia sobrealzada de sus letras, con tendencia a ocupar las zonas superiores e inferiores del papel, así como unos trazos excesivamente presionados que generan surcos de tinta en las zonas centrales del escrito. Este gesto denota narcisismo, necesidad de autoafirmarse, rencor y agresividad.

La presión de la letra pierde fuerza a medida que avanza el escrito, encontrando trazos menos presionados en los finales que revelan que esa autoafirmación o argumento se va deshaciendo. Estas alteraciones simbolizan cambios bruscos en su comportamiento, poca contención de los instintos más primarios y escasa psicomotricidad gráfica.

Una grafía que define el temperamento de una persona violenta, primitiva, con pocas habilidades sociales, despótica e inconformista.

Existe otra carta que recibió la policía y fue muy difundida por ser la primera, donde firmaba como «Jack el Destripador» y reconocía que era el autor de los crímenes.

En esta misiva, a simple vista se aprecia una letra totalmente distinta a la que aparecía en la carta anterior, con letras inclinadas, pies prolongados de las letras y cohesión ligada.

Esta escritura refleja un carácter con una elevada estética y psicomotricidad gráfica, que manifiesta que podría llegar a ser una persona con mayor nivel cultural, así como con cierta necesidad de notoriedad.

El manuscrito no pierde detalles de puntuación y se observa cierta rapidez y fluidez, trazos que indican que la persona seguramente escribía con frecuencia y se preocupaba

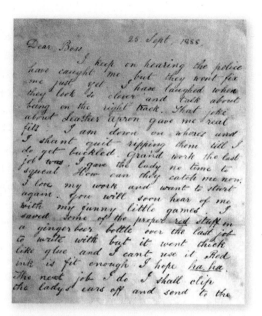

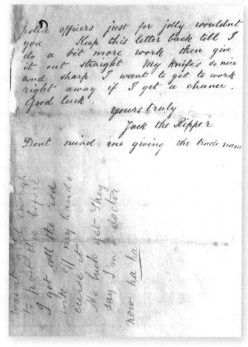

Carta manuscrita del 25/9/1888
por Jack el Destripador

por las formas y la apariencia. No obstante, se observa vehemencia en la inclinación de las letras, pero de una manera mucho más contenida.

Dos escritos que revelan que las misivas no correspondían a la misma mano; mientras una describe un carácter primitivo, instintivo y con pocos recursos, otra revela una agresividad pasiva, mayor contención y cultura gráfica.

Cabe destacar que algunas fuentes apuntan que, esta última carta firmada bajo el pseudónimo Jack el Destripador, fue redactada por un periodista de la época que quería aumentar el número de publicaciones en prensa, hipótesis que concuerda al contemplar la elevada psicomotricidad y desenvoltura que se observa en la misma.

LA SEDUCCIÓN DE CHARLES MANSON
A TRAVÉS DE SU FIRMA

Charles Manson fue un famoso criminal estadounidense conocido por liderar La familia Manson, una secta que cometió varios asesinatos, entre los más conocidos el de la actriz Sharon Tate.

Como muchos criminales, procedía de una familia disfuncional. Él mismo relató en alguna ocasión que su madre era alcohólica y prostituta y que su padre nunca se hizo cargo de él, por lo tanto, a una edad muy temprana sintió el abandono de sus progenitores.

A los trece años empezó a delinquir robando a punta de pistola y falsificando cheques (lo que me lleva a pensar que podría tener conocimientos grafológicos) y con tan solo diecisiete años tenía ocho cargos en su contra. Desde entonces, no cesó en cometer actos delictivos, lo que le llevó a pasar la mayor parte de su vida entre fugas e ingresos en prisión.

En la cárcel se formó en filosofía oriental y se interesó por el ocultismo, lo que le sirvió como fundamento para fundar La familia Manson, una especie de secta formada por jóvenes *hippies* que consumían drogas, amaban la música de los sesenta y tenían una vida poco convencional. Manson les daba discursos paranoicos asegurándoles que se estaba acercando una guerra racial. Desde entonces, comenzó a instruir a los miembros de la familia dándoles órdenes para cometer asesinatos.

Charles no cometió ninguno de los crímenes con sus propias manos, pero era el autor intelectual de todos ellos, lo que le llevó a ser condenado a pena de muerte junto a cuatro miembros de su secta. Finalmente, en el año 1972 la pena le sería conmutada a cadena perpetua.

Algunos de los miembros de La familia Manson alegaron con posterioridad que los asesinatos que cometían eran realizados bajo los efectos de las drogas y llegaron a mostrar arrepentimiento. Por el contrario, Charles Manson no mostró culpabilidad en sus últimos días de vida, muriendo en el año 2017 a la edad de 83 años como consecuencia de un cáncer.

Los expertos cuentan que desde la cárcel recibía numerosas cartas de mujeres y que tenía una facilidad asombrosa para persuadir a través de la palabra. Sobre su personalidad le definieron como una persona con delirios de grandeza y tendencias paranoides, pero sin dispersarme más, vamos a ver qué aporta su firma.

Charles Manson y su firma. Nótese la arista que ejecutaba en el apellido

Cabe destacar la arista que generaba en la zona de la derecha. Este trazo es habitual en delincuentes, y revela que la persona tiene facilidad para manipular, herir a los otros y echar balones fuera.

Por otro lado, las formas mixtas con mayúsculas de gran tamaño y continuidad gráfica manifiestan narcisismo, frialdad, endiosamiento, creatividad y dotes de liderazgo, rasgos que concuerdan con las opiniones que manifestaron algunos criminólogos sobre el asesino.

El tamaño disminuye al final

Otra de las peculiaridades gráficas que aparecen en su firma es lo que en grafología denominamos escritura *ensiforme* o *gladiolada*. Se caracteriza porque el tamaño de la letra disminuye en proporción con las otras letras y revela sagacidad, lógica, astucia e inteligencia. La persona tiene facilidad para analizar con frialdad y sin escrúpulos las situaciones.

Todos estos gestos indican que Manson era una persona que tenía rasgos psicopáticos, con una elevada capacidad para manipular, seducir y actuar con indolencia y crueldad.

Trazos donde queda latente la huella del gurú psicópata más relevante de la crónica negra del siglo XX.

¿QUÉ PERSONALIDAD DESVELAN LAS CARTAS DEL ASESINO DEL ZODIACO?

El asesino del Zodiaco fue uno de los criminales que creó máxima expectación entre los años 60 y 70 en California.

A nivel grafológico, es un personaje interesante porque cada uno de los asesinatos que cometía iban acompañados de cartas que el autor enviaba a la prensa para que pudieran resolver los acertijos que les escribía. Las mismas empezaban con el saludo: «Este es el Zodiaco que habla» y firmaba con un símbolo que era una cruz dentro de un círculo. Aunque él mismo afirmaba en sus misivas que había matado a 37 personas, la policía solo identificó a 5 víctimas.

Su identidad no se pudo resolver, aunque un grupo de investigadores denominado The Case Breakers apuntan a que fue Gary Francis Poste, un veterano de la Fuerza Aérea estadounidense que murió en el año 2018.

Al parecer, este grupo de expertos encontró una serie de fotografías en las que Poste aparecía con las marcas que estaban dibujadas en un boceto policial del asesino del Zodiaco. Por otro lado, los resultados de ADN comprobados cincuenta años después, también coincidían con el perfil genético encontrado en sus víctimas.

Como veis, es un criminal repleto de misterio, pero gracias a la grafología podemos desgranar aspectos de su personalidad que aparecen reflejados en algunas de las cartas que analizo a continuación.

Fragmento de una de las cartas del asesino del Zodiaco

En sus manuscritos ejecutaba un mensaje encriptado para retar a la prensa a descifrarlo. Esos mensajes iban siempre escritos en mayúsculas, algo habitual en las cartas de los asesinos. Sin embargo, el contenido de las cartas lo escribía en minúsculas, con letras que estaban totalmente desligadas e inclinadas hacia la zona de la derecha.

Estas diferencias gráficas revelan que era una persona que tenía facilidad para moldear su conducta, incluso podríamos hablar de alguien con habilidades para interpretar o actuar.

Su letra podría estar siendo autofalsificada para despistar a los peritos, es decir, la persona podría intentar moldear su letra, ya que la velocidad gráfica es lenta, a pesar de querer aparentar mayor velocidad al inclinar las palabras. Todo ello revela que era un sujeto metódico, poco espontáneo y que a pesar de querer aparentar impulsividad, era tremendamente analítico y observador.

Cartas enviada a la prensa. Ubica la firma en el centro

En estas otras cartas que envió a la prensa se puede observar el símbolo con el que firmaba, lo que me lleva a observar la colocación del mismo, donde se puede contemplar que, en casi todas ellas, el símbolo lo ubicaba en la zona del centro del folio, gesto inconsciente que simboliza control y racionalidad en el momento que estaba escribiendo.

He querido indagar en la ejecución de ese círculo y compararlo con el cierre de la letra «o» para asegurarme si realmente todas esas cartas estaban escritas por la misma persona, y al parecer sí lo estaban, ya que tenía cierta tendencia a cerrar las formas curvas por el lado izquierdo, gesto que simboliza reserva e introversión.

Cierre del círculo por la izquierda y cierre de la «o». Los cierres coinciden

La presión de los escritos es fuerte, y suele mantener el mismo ritmo al escribir. Peculiaridades que vuelven a desvelar que nos encontramos con unas cartas que describen a una persona calculadora y a su vez, agresiva. Pero, a diferencia de Jack el Destripador o Charles Manson, contemplo una agresividad más pasiva e inteligente, la persona actuaba con exceso de racionalidad, inteligencia y poca propulsión.

Unos manuscritos repletos de intriga que desvelan rasgos de la personalidad de aquel criminal que sigue generando misterio en la crónica negra, considerado por muchos el asesino perfecto.

¿QUÉ SENTIMIENTOS PREVALECEN EN LA CARTA QUE ESCRIBIÓ ANA JULIA QUEZADA DESDE LA CÁRCEL?

Ana Julia Quezada fue la primera mujer condenada en España a prisión permanente revisable en el año 2018, por ser la asesina confesa del asesinato del niño Gabriel Cruz, el hijo de su pareja por aquel entonces.

Fue un caso que conmocionó a España, ya que durante la desaparición el país entero se solidarizó con la llamada Operación Nemo, denominada así porque a Gabriel, que tenía tan solo ocho años, le encantaba el mar y los peces.

Ana Julia era su madrastra y, tras una discusión con el pequeño, le mató. Posteriormente, tras anunciar los padres la desaparición del menor, Ana Julia participó en la búsqueda y ante los medios mostraba una apariencia preocupada. La policía (que sospechaba de ella) después de doce días de investigación la detuvo al encontrar el cuerpo del niño en su maletero. Ella, finalmente confesó lo ocurrido.

Escribiendo estos renglones me sigue removiendo aquel suceso y me vienen a la mente los llantos que Ana Julia mostraba ante la prensa, haciéndonos creer que era inocente. Los criminólogos la definieron como una mujer egocéntrica y posesiva pero, sin irnos más lejos, veremos qué revela su letra en uno de los fragmentos de una de las cartas que escribió al que era su pareja y padre del niño.

La misiva la escribió estando en prisión y se publicó en varios medios. En ella pedía disculpas por lo ocurrido.

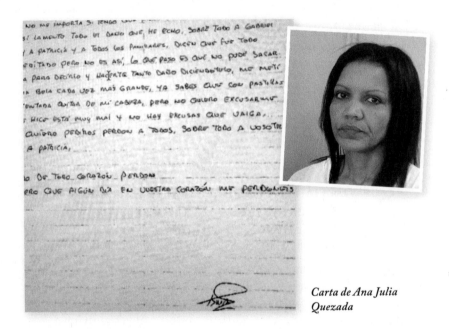

Carta de Ana Julia
Quezada

Lo primero que llama la atención son las diferencias notables que se dan entre el texto y la firma; el texto se relaciona con el comportamiento social y se encuentra escrito en mayúsculas, y la firma la ejecuta cubriendo parte del nombre. Estas diferencias manifiestan que se comporta de diferente manera dependiendo del entorno en el que se encuentre.

Por otro lado, la letra mayúscula es frecuente en escritos que la persona ejecuta desde la cárcel, es una especie de coraza gráfica donde no se muestra con naturalidad e impide conocer algunos aspectos de la misma.

A pesar de estar escrito en mayúsculas, algunas letras cobran importancia, como los óvalos pinchados en algunas de ellas. Estos gestos consisten en que el sujeto después de ejecutar el óvalo lo cierra con una especie de pinchazo que se ejecuta en el cierre de la letra. Esta peculiaridad denota que la persona tiene facilidad para guardar secretos, y además es un símbolo que manifiesta engaño, recelo, autodestrucción y culpabilidad.

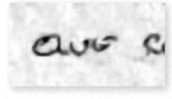 

Óvalos pinchados   *Arista por la derecha y por la izquierda. Inflado*

Los óvalos pinchados junto a una firma con tendencia a ocupar las zonas superiores y donde aparecen ángulos, tanto por la zona de la izquierda como por la zona de la derecha, indican egocentrismo y un conflicto interno, que se puede expresar con agresividad hacia sí misma, pero también hacia los otros.

Llama la atención la firma que hace en la carta, ya que normalmente los criminales no suelen firmar las mismas y en caso de hacerlo suelen escribir algún gesto gráfico extraño como hacía el asesino del Zodiaco o firman en mayúsculas. El hecho de rubricar la misiva con su rúbrica habitual revela que, a pesar de tener facilidad para fingir, puede acabar deshaciendo su verdadero yo cuando se siente desbordada por las emociones.

Recuerdo que muchas personas se llegaron a cuestionar durante el suceso si realmente Ana Julia era psicópata. A mi modo de ver, según su grafía no aprecio gestos psicopáticos porque aparecen sensaciones en los trazos de sus letras, pero sí puedo contemplar belicosidad, celos, inseguridades, tendencias suicidas, hipocresía, vanidad y manipulación.

Las letras de estos cuatro criminales se caracterizan por la presencia de aristas, trazos presionados y poco espontáneos. Gestos que desnudan la huella gráfica de diferentes asesinos que forman parte de la historia criminalista.

14

Compatibilidades grafológicas

DIME CÓMO ESCRIBES Y TE DIRÉ SI ERES *MATCH*

> *Las cartas de amor se escriben empezando sin saber lo que se va a decir,*
> *y se terminan sin saber lo que se ha dicho.*
> *(Jean-Jacques Rousseau).*

L a grafología es una herramienta perfecta, no solo para conocerte a ti mismo, también para conocer a tu pareja y así saber si realmente sois compatibles o qué conductas debéis trabajar para poder llevar una relación sana.

En mi libro *Lo que revela tu escritura*, explico en qué rasgos debemos fijarnos cuando recibimos una carta de amor o tenemos enfrente la letra de una persona que nos gusta, pero en la era donde las apps de citas están en auge y los mensajes de amor se suelen expresar por el teclado de un móvil es complicado llegar a conocerse. Quizás sería más fiable comenzar a pedir que nos mande una foto de su firma en vez de una imagen suya que probablemente ha retocado con Photoshop, ya que su letra nos revelará su verdadera cara.

De este modo, probablemente empecemos a dar *match* de una manera más segura. Para los que son *vintage* y no saben a qué me refiero con la palabra *match*, no es ni más ni menos que decir mediante un teclado «me gustas, quiero conocerte».

Las relaciones amorosas son un mundo, pero como tantas cosas también están condicionadas por la cultura, las modas y las generaciones. Es curioso cómo el concepto de amor y la manera de enfocar las relaciones va cambiando a lo largo del tiempo, pero lo que no se ha transformado es el deseo de conocernos, amar y ser amados y todo ello podemos desnudarlo a través de la escritura.

Por eso, en este capítulo os daré varios trucos para que podáis conocer a vuestro compañero de viaje a través de su grafía.

¿QUÉ DEBEMOS TENER EN CUENTA PARA ESTUDIAR LA COMPATIBILIDAD GRAFOLÓGICA DE UNA PAREJA?

El amor es como el fuego; suelen ver antes el amor los que están fuera,
que las llamas los que están dentro.
(Jacinto Benavente).

A través de la escritura podemos conocer nuestro lenguaje emocional; si somos más sensibles o mentales, la autoestima, la afectividad, etcétera. Habrá algunas letras y parámetros de la escritura concretos que nos aportarán mayor información del sujeto en el terreno sentimental.

Uno de los ejercicios que hago tanto en consultas de *coaching* como de grafología, es que el cliente escriba una carta manifestando los sentimientos que tiene por esa persona y otra misiva en donde escriba qué desea en una relación. Después le suelo dar una serie de pautas para que se conozca a través de su letra y ver si su parte consciente concuerda con el inconsciente, y así conocer lo que realmente busca en la otra persona.

Os invito a hacer el ejercicio y fijaros en determinados parámetros y letras, porque os aportarán mayor información sobre vuestro comportamiento emocional y el de vuestra pareja.

Los elementos más relevantes son:

LA FIRMA

La firma es el logo que ejecutamos con total libertad para plasmar nuestra esencia y, al ser un elemento mucho más libre, nos aportará una valiosa información sobre nuestro comportamiento íntimo y el de nuestra pareja. Por lo tanto, cuando analizamos compatibilidades es importante contemplar las firmas de ambas personas.

También es relevante apreciar si escribe el nombre de pila y el segundo apellido, ya que el nombre se relaciona con nuestro comportamiento íntimo y la importancia que le damos al plano personal, y el segundo apellido en caso de que se escriba, simboliza que la persona es familiar y hogareña.

LA FORMA DE LAS LETRAS

La forma de la letra nos indica la carga emocional o racional del sujeto; si la persona se deja llevar por las corazonadas y el instinto o si, por el contrario, es más mental.

LA INCLINACIÓN DE LAS LETRAS

A mi modo de ver es el parámetro que más fuerza tiene cuando estamos estudiando una compatibilidad de pareja. La oscilación de las letras hacia la zona de la izquierda, la derecha o el centro revela el lenguaje emocional del sujeto, la manera en la que expresará esas emociones.

LA CONTINUIDAD GRÁFICA

El hecho de observar si en la firma las letras están ligadas o desligadas nos va aportar datos sobre la dependencia o independencia de la persona, es decir, si tiene miedo a la soledad y depende a nivel emocional de su pareja o si, por el contrario, es independiente y necesita espacio dentro de la relación.

LA APERTURA DE LETRA «O»

La letra «o» es de sumo interés en el estudio de la compatibilidad de pareja, ya que se asocia a la comunicación más íntima y la asertividad; la capacidad que tiene un sujeto para expresar sus emociones o si, por el contrario, es una persona reservada y le cuesta expresarse.

Óvalo cerrado   *Óvalo abierto*

Una letra «o» abierta por la zona de la derecha, simboliza que la persona se comunica a nivel emocional y, por el contrario, una letra «o» abierta por la zona de la izquierda o cerrada revela hermetismo y dificultad para expresarse a nivel afectivo.

El punto G de la escritura

La letra «g» minúscula es relevante en el ámbito de la compatibilidad de pareja, ya que nos aporta información sobre la sexualidad del suje- to, si es pasional, o si por el contrario, es más frío y calculador.

En este caso, debemos contemplar si el pie está pronunciado y si aparece continuidad gráfica, es decir si la letra «g» se encuentra liga- da al resto de letras que componen una palabra o si, por el contrario, se encuentra desligada. Una «g» con pies pronunciados revela mayor apetito sexual y, en el caso de que los pies sean más pequeños, indicaría que es poco pasional.

Una firma que nos puede ayudar a contem- plar la letra «g» es la del actor George Clooney

Firma de George Clooney

que, además de ser un gran actor, es también conocido por su apariencia atractiva y seductora. Ha sido galardonado con dos Óscar y cuatro Globos de Oro.

Si la observan, se aprecian unos pies de la letra «g» que descienden notablemente hacia la zona inferior y las letras se encuentran desligadas. Este gesto revela que es una persona pasional y a su vez selectivo para entablar relaciones sexuales.

Estos son los trucos básicos que debemos tener en cuenta en el estudio de compatibilidad de pareja, pero os lo enseñaré de una manera mucho más ilustrativa con los salseos grafológicos de diferentes parejas que han sido polémicas en la prensa del corazón.

¡Comencemos!

¿Eran tan opuestos el torero Luis Miguel Dominguín y la actriz Lucía Bosé?

Luis Miguel Dominguín y Lucía Bosé fueron una de las parejas más mediáticas del siglo xx. Él era una figura del toreo, considerándose a sí mismo como el número uno, y ella una actriz y modelo italiana. Una pareja atípica a la par que extravagante.

Se conocieron en los años 50 cuando Lucía Bosé viajó a España para rodar la película *La muerte de un ciclista*, de Juan Antonio Bardem. Quienes les conocieron que les conocieron cuentan que el matador de toros sintió tal atracción por la actriz que, antes haberse dado el primer beso, ya le pidió matrimonio.

Luis Miguel Dominguín
y Lucía Bosé

La relación comenzó rápidamente, hasta tal punto que, al poco tiempo decidieron casarse en Las Vegas, ya que sabían que si lo hacían en España tendrían que invitar a Francisco Franco. Pero la sociedad de aquel entonces no vio con buenos ojos aquel matrimonio de película así que, meses más tarde, se casaron por la Iglesia en la finca familiar, estando ya Lucía embarazada de su hijo primogénito, el cantante Miguel Bosé. Después tuvieron tres hijos más, Lucía, Paola y Juan Lucas, que murió al mes de nacer por una infección vírica.

Sin embargo, la pareja no terminó de funcionar y en la década de los 60, cuando aún no se había aprobado el divorcio, decidieron separarse por varias infidelidades. Pero, la que causó mayor revuelo, fue al enterarse Lucía que Luis Miguel la estaba engañando con su prima. Como venganza, la actriz jamás le concedió la nulidad del matrimonio eclesiástico.

Los que les conocieron cuentan que ambos tenían una personalidad arrolladora. Luis Miguel era inteligente, seductor y tenía grandes habilidades sociales ya que se supo rodear con todo tipo de personalidades de diversos ambientes, desde Picasso hasta Franco, entre muchos otros personajes célebres que visitaban su casa de Somosaguas. A Lucía la describían como una mujer que rompía moldes, sin pelos en la lengua, rebelde y generosa.

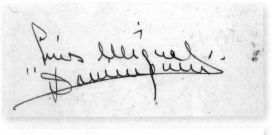

Rúbrica regresiva.
Firma del torero Luis
Miguel Dominguín

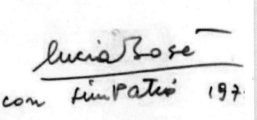

Barra alta de la letra «t».
Firma de la actriz Lucía
Bosé

Pero, como ya saben, intento no tener en cuenta las opiniones de los expertos para hacer un análisis objetivo de su compatibilidad grafológica.

De la firma de Luis Miguel Dominguín, lo primero que llama la atención es la elevada continuidad gráfica que se aprecia en el escrito y los pies prolongados de la letra «g» con formas curvas y guirnaldas. Todos estos trazos, revelan que era una persona con habilidades sociales, orgulloso, carismático y seductor.

Cabe destacar, la letra «g» que se encuentra totalmente ligada y prolonga los trazos, gesto que indica necesidad de contacto con los otros y capacidad de conquista.

La rúbrica ejecutada en dos planos que finaliza en la zona de la izquierda, revela nostalgia, ingenio y sensibilidad, que podría camuflar bajo una apariencia arrogante.

En el caso de Lucía, al igual que Luis Miguel, escribía en dos planos y ligaba las letras. Gestos que indican carisma, facilidad de palabra e inconformismo.

De su firma también destaco la barra alta de la letra «t» que indica dificultad para acatar órdenes y dotes de liderazgo. Cabe resaltar la letra «o» completamente cerrada; refleja que podría llegar a ser hermética para comunicarse con su pareja y expresar sus problemas más recónditos.

La rúbrica en forma de subrayado de Lucía simboliza que era una mujer directa y tajante, pero a su vez transparente y sincera para defender sus ideas.

Ahora bien, vamos a la pregunta del millón: ¿Eran compatibles?

Contemplando ambas firmas, encuentro dos personalidades que tenían más similitudes que lo que los propios medios cuentan, al menos a nivel afectivo. Los dos tenían habilidades sociales, inteligencia, rebeldía e ingenio, lo que podría generar una relación que en un principio podría entenderse, pero a la larga podrían darse desencuentros.

En la firma de Luis Miguel hay una elevada carga emocional, pero poca expresión afectiva, ya que de algún modo era orgulloso. Lucía, por el contrario, a pesar de tener un acentuado sentido de la estética y creatividad era más mental a la hora de comunicarse, ya que se aprecia capacidad para analizar las situaciones con coraje, racionalidad y pragmatismo.

El hecho de encontrar tantas similitudes genera que la compatibilidad entre ambos no sea buena. En ambas firmas se aprecia terquedad y dificultad para dar su brazo a torcer, lo que genera que fuese una relación llena de pasión y desencuentros, pudiendo pasar del amor al odio en poco tiempo.

Los amores de «la Preysler»

Isabel Preysler, también conocida como reina de corazones, es una *socialité* hispanofilipina y uno de los rostros más mediáticos de la prensa del corazón. Con su elegancia y carisma supo conquistar a varias personalidades, desde un cantante hasta a un marqués, un ministro o un Premio Nobel.

Por ello, he considerado que es interesante hacer algún que otro salseo grafológico sobre algunas de sus parejas más polémicas, tales como Julio Iglesias (su primer marido) y Mario Vargas Llosa, su expareja actual, el escritor con el cual no se casó, pero compartieron varios años de compromiso.

Isabel procedía de una familia acomodada, su padre era gerente de Philippine Airlines (Líneas Aéreas Filipinas) y delegado del Banco Español de Crédito en Manila y su madre poseía una agencia inmobiliaria.

Cuando terminó la adolescencia la enviaron a estudiar a España y se hizo asidua a los saraos y las fiestas de la alta sociedad madrileña, donde conoció al cantante Julio Iglesias. Desde entonces, comenzaron a salir y meses después Isabel se quedó embarazada, por lo que decidieron casarse, aunque este suceso la pareja lo ocultó por aquel entonces. Fruto de ese matrimonio nacieron Chábeli, Julio José y Enrique. La gran cantidad de giras que tenía Julio no le permitían estar mucho tiempo en casa, lo que provocó que se produjeran numerosas infidelidades y, a los ocho años, decidieran separarse.

Isabel fue la que rompió esa relación, lo que causó un enorme revuelo en la prensa; sin embargo, ambos decidieron mantener la amistad.

Veremos si sus manuscritos nos revelan si eran compatibles o si, por el contrario, no lo eran. Para ello, empezaré a analizar un escrito de la reina de corazones.

Tendencia a prolongar los finales.
Firma de Isabel Preysler

La escritura de Isabel es una letra ligada, rápida, con predominio de formas angulosas y pies prolongados de las letras. Gestos que simbolizan necesidad de contacto con los otros, así como facilidad para llevar a la práctica todo aquello que se propone.

Destaca la tendencia a prolongar los trazos de las letras que, junto a una presión acentuada y cohesión centrada, denotan aplomo, firmeza y control de las emociones, llegando a ser más mental que emocional.

En cuanto a las mayúsculas de gran tamaño con pequeñas aristas denotan terquedad y orgullo.

Una grafía que define el temperamento de una persona serena, pero a su vez con carácter, con facilidad para relacionarse con el entorno, pero reservada para manifestar sus emociones. Isabel es analítica, observadora y exigente.

En cuanto a la firma de Julio Iglesias se aprecian excesos de formas curvas con tendencia a inclinar las letras, especialmente la letra «g» que, como he mencionado anteriormente, se asocia a la parte sexual e instintiva. Todo ello revela carisma, coquetería, seducción y un carácter pasional y disfrutón; sin embargo, es selectivo a la hora de elegir sus conquistas.

Firma de Julio Iglesias. Inclinación progresiva

Cabe resaltar, los inflados del punto de la letra «i» que reflejan vanidad, coquetería y egocentrismo.

Por otro lado, la letra «o» con apertura en la zona de la izquierda indica que la persona tiene facilidad para comunicarse con su pareja a nivel superficial, no obstante, para comunicarse a nivel emocional tiende a ser hermético.

Una letra que define a una persona cautivadora, cordial, orgullosa y con don de gentes. Todo un truhan que siempre está listo para la seducción.

En cuanto a la compatibilidad de Isabel Preysler y Julio Iglesias aprecio diferencias, pero también similitudes. Ambos son carismáticos, coquetos y vanidosos, pero Isabel es más mental que Julio.

Los dos dan importancia a la apariencia y la imagen, lo que puede provocar gran admiración entre ambos. Isabel tiene mayor contención en la expresión de las emociones, a diferencia de Julio que, por el contrario, actúa y luego piensa, lo que puede generar conflictos por no compartir el mismo lenguaje emocional.

A pesar de algunas diferencias gráficas tienen buena compatibilidad, ya que las distinciones que se aprecian en sus escritos dan equilibrio a la pareja. No obstante, el orgullo de ambos y el carácter racional y pragmático de Isabel, suscita que la relación tienda al enfriamiento y la cordialidad.

¿ERA COMPATIBLE LA REINA DE CORAZONES CON MARIO VARGAS LLOSA?

Después de su relación con Julio Iglesias, Isabel Preysler se casó con el marqués de Griñón, pero se acabó enamorando del político Miguel Boyer, con el cual también contrajo matrimonio y le acompañó hasta el final de sus días.

Pasaron los meses del fallecimiento de Boyer y se reencontró en un viaje organizado por Porcelanosa con su amigo Vargas Llosa que, al parecer, estaba enamorado de ella mucho antes de iniciar su romance con la reina de corazones, ya que ambos se conocieron cuando los dos estaban en pareja y ella trabajaba en la revista *¡Hola!*, en donde entrevistó al escritor. Él no sabía quién era ella en aquella época, y sin embargo, sintió una fuerte atracción desde el primer momento y mantuvieron una bonita amistad.

Tras aquel reencuentro inician una relación en secreto que, meses más tarde, desveló la prensa del corazón. Desde entonces, Vargas Llosa se instaló en la casa de Isabel Preysler y mantuvieron una relación de casi ocho años, que terminó como consecuencia del desgaste y, según algunos medios, por celos infundados del escritor.

Pero veremos si ese recelo que apunta la prensa se aprecia en la firma del Premio Nobel y si realmente era compatible con la *socialité*.

Firma de Mario Vargas Llosa. Gancho

La firma de Mario Vargas Llosa se caracteriza por tener una cohesión desligada y pies prolongados de las letras. Todo ello refleja que la persona necesita su espacio, es creativo y a su vez ejecuta sus ideas.

Quiero destacar la rúbrica en forma de subrayado y el gancho que genera en el pie de la letra. Este gesto tipo revela cordialidad, pero también apropiación de afectos, por lo que ese rumor que corre, donde apuntan a que es receloso, lo confirma su letra.

Una firma que define una personalidad compleja. Es un ser solitario, pero a su vez, puede demandar atención. Se observa inteligencia, autonomía, pasión y orgullo.

Si comparamos su firma con la de Isabel Preysler para desvelar su compatibilidad, se contemplan varias diferencias.

En ella predomina la continuidad gráfica con letras centradas, posee un trazo firme y aristas en las crestas. A diferencia de la firma de Vargas Llosa que tiene letras desligadas y presión fina. Esta disparidad en los escritos revela que su manera de relacionarse, así como su lenguaje emocional es distinto; Isabel es sociable y le gusta el contacto con los otros, mientras que Vargas Llosa disfruta de la soledad.

Ambos tienen pies pronunciados de las letras y tendencia a prolongar los finales, gestos que revelan necesidad de ejecutar aquello que se proponen, pero a su vez a los dos les gusta disfrutar de los placeres más primarios.

La firma del Premio Nobel a pesar de describir un temperamento independiente es pasional y demandante, tiene genio y réplica pronta, pero a su vez nobleza. Isabel, por el contrario, es más mental y paciente, se mueve por la razón y la mesura.

El hecho de tener un lenguaje emocional dispar puede generar falta de entendimiento a largo plazo, sin embargo, podría ser una relación con una fuerte atracción.

Según sus escritos, tienen buena compatibilidad como amigos o amantes. Sin embargo, en una relación a largo plazo el entendimiento tiende a ser escaso.

Estos análisis nos permiten conocer la afinidad de la reina de corazones con dos de sus parejas. Es importante analizar los escritos de ambas personas en el momento en que están juntos, ya que es una labor ardua encontrar las firmas idóneas porque nuestra escritura va cambiando a lo largo del tiempo, así como nuestra manera de desenvolvernos a nivel sentimental.

¿POR QUÉ ELTON JOHN Y DAVID FURNISH
LLEVAN TANTOS AÑOS JUNTOS?

El músico Elton John y el director y productor de cine David Furnish han sido una de las parejas que ha roto moldes en la actualidad. Formalizaron su relación de manera simbólica el mismo día que en Reino Unido entraba en vigor la ley que autorizaba las uniones entre personas homosexuales.

Se conocieron, por mediación de un amigo, en el año 1993, en una cena. Por aquel entonces, Elton estaba atravesando un momento complicado, ya que llevaba tres años sin acudir a fiestas porque se estaba desintoxicando de su adicción al alcohol y a las drogas. Sin embargo, aquella noche su vida cambió para siempre tras conocer al cineasta David, quince años menor que él.

La diferencia de edad no fue ninguna limitación para ellos y, al poco tiempo, iniciaron su relación hasta a día de hoy, llevando casi treinta años juntos. Es una pareja que ha mostrado su amor ante los medios con naturalidad, siendo un símbolo de identidad y libertad dentro del colectivo LGTBI.

Elton John y David Furnish

Y vamos a la pregunta del millón... ¿Cuál es el secreto para durar tantos años?

Veremos si, a través de un salseo grafológico para estudiar su compatibilidad, podemos desvelar el misterio. Para ello, comenzaré analizando la escritura de Elton John, uno de los cantantes y pianistas de mayor éxito en la industria del pop.

Firma de Elton John. Guirnalda

Su firma presenta trazos un tanto complejos. Hay una elevada continuidad gráfica, que junto a unos pies pronunciados y velocidad rápida desvelan inteligencia, ingenio, inquietud y creatividad.

La rúbrica en forma de lazada y los gestos curvos que ejecuta a gran velocidad indican que es sociable, carismático y espontáneo en el trato con los otros pero, a su vez, es nervioso y tiende a sufrir en soledad.

Una firma repleta de trazos rápidos y sinuosos que define el temperamento de una persona sensible, perspicaz, impaciente y creativa.

En la firma de su pareja, el productor David Furnish, se aprecia una escritura en sentido ascendente con predominio de crestas y letras ligadas que revelan dotes de liderazgo, optimismo, imaginación y ambición.

Cabe destacar, la apertura de la letra «a» que muestra habilidades comunicativas, capacidad de escucha y apertura en la esfera íntima. Una firma que define la naturaleza de una persona inteligente, activa y rebelde.

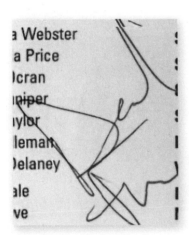

Firma de David Furnish

Al observar ambos escritos, además de apreciar una buena compatibilidad en la esfera íntima, también contemplo buena afinidad en la parte profesional.

Elton presenta mayor seducción y necesidad de contacto, tiene facilidad para ejecutar todo aquello que se propone y llevarlo a la práctica; David, por el contrario, está más conectado con el mundo de las ideas y la imaginación. El hecho de ser diferentes en este sentido es bueno en una pareja, porque pueden alcanzar equilibrio entre la parte espiritual y terrenal.

A nivel afectivo son similares, ambos son rápidos, necesitan actividad y tienen réplica pronta pero, a pesar de tener genio, no tienen rencor, lo que puede provocar que, aunque puedan surgir conflictos, pronto se solucionan. Ambos son comunicativos y comparten el mismo lenguaje emocional.

A través de los diferentes análisis grafológicos podemos conocer la afinidad entre dos personas, tanto en una relación de pareja como de amigos, desvelar sus luces y sus sombras y escuchar la naturaleza que prevalece en sus letras, porque si algo he aprendido es que la grafología nos permite desnudar de manera clara y objetiva a cualquier individuo, con un método libre y exento de vendas y enajenamientos a los que, en ocasiones, nos somete la subjetividad que envuelve al amor.

TERCERA PARTE:

LA GRAFOLOGÍA DE LA NUEVA ERA

15

La escritura en los nuevos tiempos

¿SE ENCUENTRA LA ESCRITURA EN PELIGRO DE EXTINCIÓN?

> *El verdadero peligro no es que las computadoras comenzaron a pensar como los hombres, sino que los hombres comenzaran a pensar como las computadoras.*
> *(Sydney Harris).*

Una de las preguntas que me suelen hacer cuando digo que soy grafóloga es qué pasará ahora que la gente escribe menos de manera caligráfica. Los ordenadores, teléfonos móviles o *tablets* han ido poco a poco suplantando la escritura a mano..., pero esta hipótesis se remonta a años, atrás cuando llegó la máquina de escribir a finales del siglo XIX.

No puedo obviar la realidad y lo cierto es que cada vez escribimos menos, pero a los grafólogos nos gustan los escritos espontáneos, es decir, aquellos que están menos condicionados por la cultura gráfica o los sistemas educativos, ya que cuanto más libre sea el manuscrito, mayor información sacaremos de la persona. Por lo tanto en grafología el hecho de que una persona escriba poco no es algo que afecte.

Ahora bien, lo que sí puede perjudicarnos a los grafólogos y a las personas es que llegue un día en que la gente no sepa escribir a mano y que los niños pierdan ese hábito en las escuelas, que es dónde radica el principio de su sabiduría. Cuando escribimos potenciamos muchas áreas del cerebro y habilidades como la psicomotricidad gráfica, la memoria, el proceso de aprendizaje, la creatividad y la ortografía. Por lo tanto, si perdemos la costumbre de caligrafiar dejaremos de potenciar hasta tres regiones de nuestro cerebro que, a la larga, puede derivar en problemas de alzhéimer o pérdida de memoria en edades aún más tempranas de lo que ocurre actualmente.

En mi humilde opinión como grafóloga, lo que considero es que si dejamos de escribir a mano anulamos una parte de nuestra naturaleza y nuestra mente, lo que traerá consecuencias en el proceso de aprendizaje de las futuras generaciones. Por eso, en Estados Unidos están implantando de nuevo el uso de la escritura manuscrita en los colegios, porque no solo fomenta el proceso de aprendizaje, sino que también ayuda a los niños a familiarizarse con documentos históricos e incrementar la memoria visual.

¿LA INTELIGENCIA ARTIFICIAL PUEDE SIMULAR LA ESCRITURA CALIGRÁFICA?

No es la inteligencia artificial lo que me preocupa, es la estupidez humana.
(Neil Jacobstein).

La inteligencia artificial es un sistema de *software* creado por humanos cuya finalidad principal es realizar tareas que requieren inteligencia humana. También ofrece una variedad de herramientas para la escritura manuscrita, hasta tal punto que pueden llegar a simular la letra de una persona. Pero para los grafólogos, por mucho que quieran hacernos creer que la IA pueda suplantar nuestra caligrafía, eso no es posible, al menos a ojos de un perito calígrafo.

Uno de los principios básicos de nuestra disciplina es que ninguna escritura es igual a otra, y si es así, una de ellas es falsa. Las personas tienden a moldear su letra, somos humanos y no robots. Nuestra grafía al igual que nuestras emociones cambian, pero pese a todo ejecutaremos trazos que se repiten de manera inconsciente, principalmente en los finales del escrito. Y estas diferencias, una máquina no las detecta.

La inteligencia artificial puede imitar el tamaño, la forma, la inclinación y la continuidad gráfica, pero no podrá emular la presión del trazo, ejecutará un tamaño que siempre sea el mismo (algo que no concuerda con la grafía humana que tiende a cambiar la dimensión de las letras a medida que avanza el escrito) y no podrá detectar las falsas uniones, entre muchas otras cosas.

En este escrito creado con IA se puede contemplar cómo el espacio entre renglones es exactamente el mismo y la presión no cambia.

Los textos creados por la IA son textos fríos, carentes de espontaneidad, donde aparecen diferencias notables en relación a la escritura manuscrita.

Esta herramienta en el ámbito de las falsificaciones puede generar mucho trabajo a los peritos calígrafos, pudiendo fomentar el uso de la falsificación documental, pero a su vez la pericia caligráfica puede demostrar que esa persona no ha escrito el documento.

Tal y como afirma Tim Cook: «Lo que todos tenemos que hacer es asegurarnos de que estamos usando la IA de una manera que sea en beneficio de la humanidad no en detrimento».

Y yo me pregunto: ¿Por qué queremos deshumanizar algo tan mágico como escribir a mano?

LA FIRMA DIGITAL.
EL AUGE DE LAS FALSIFICACIONES
TRAS LA FIRMA ELECTRÓNICA

Nunca uses a un humano para hacer el trabajo de una máquina.
(Hugo Weaving).

Se entiende por firma digital aquella en la que una persona acepta y da por válido el contenido de un mensaje electrónico, pudiéndose hacer efectiva con un lápiz electrónico, marcando una casilla en una computadora, usando la firma digital, etc.

Aunque nos pueda resultar un concepto reciente no es así, ya que su origen se remonta a la década de los 70 de la mano de Diffie y Hellman, dos almas inquietas y apasionadas por el mundo de la criptografía y de la protección de datos, que decidieron crear la misma con el fin de ganar mayor seguridad, tanto de la identidad del firmante como de la integridad del mensaje.

Sin embargo, el ámbito de la legalidad que siempre va por detrás de la tecnología no aprueba la primera ley sobre la firma electrónica hasta el año 1995 en el estado de Utah, donde se reconocía como firma digital aquella que estuviera encriptada y fuera emitida por una autoridad certificada.

Con el paso de los años, hasta llegar a nuestros días se han ido actualizando diferentes métodos y su uso se ha extendido por todo el mundo, siendo un medio usual que, aunque *a priori* pueda parecer seguro, en la práctica no lo es tanto, ya que tras el auge de la firma digital se han incrementado el número de falsificaciones a nivel mundial.

Para los falsificadores la firma electrónica es un plato goloso, ya que la misma nos impide conocer algunos parámetros de la escritura, tales como la presión y la velocidad, y al ser un sistema que no estamos habituados a utilizar también deteriora la psicomotricidad gráfica generando torpeza que puede despistar al perito para determinar la verdadera autoría de esa rúbrica.

Otro de los problemas que también genera este tipo de firmas es que al ser un método con el que no estamos familiarizados, muchas personas deciden ejecutar un garabato que no se asemeja en nada a su firma habitual, lo que provoca que una vez más se despiste al perito.

Para poderlo comprender de una manera más ilustrativa, podéis apreciar dos ejemplos ejecutados por la misma persona; una es su firma digital y otra es de puño y letra.

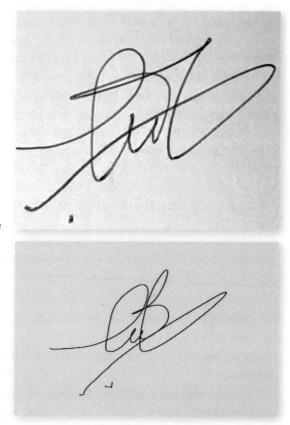

Firma de puño y letra

Firma ejecutada con el dispositivo iPad

Si las aprecian bien, se observan diferencias notables; en la primera la persona amplía el tamaño y tiende a generar ángulos, y en la segunda el tamaño disminuye y predomina la curva. Por otro lado, la que se ha escrito a mano es más espontáneo y rápido, lo que puede provocar ciertas dudas al perito calígrafo.

Ambas rúbricas las ha ejecutado Carlotydes, artista, arquitecta e ilustradora que suele usar los medios digitales para sus creaciones y donde ella misma reconoce que, a pesar de usar con frecuencia el iPad, a la hora de firmar prefería hacerlo de puño y letra.

Estas diferencias que se observan entre lo tangible y lo digital han generado que muchas personas recurran a los peritos calígrafos cuando consideran que su firma electrónica ha sido simulada porque les han *hackeado* un dispositivo o han accedido a sus datos electrónicos. Por desgracia, a diferencia de la firma creada con IA, en estos casos es más complicado detectar la falsificación porque no se pueden comprobar algunos parámetros de la escritura o porque la persona ha usado firmas muy inusuales a la suya en las plataformas electrónicas.

Por lo tanto, aunque la firma digital puede servir de ayuda para agilizar algunos trámites, también está provocando el auge de las falsificaciones, y lo que es más grave, que sea más complejo determinar la autoría de las mismas.

EL USO DE LA GRAFOLOGÍA EN PUBLICIDAD

La publicidad es básicamente una persuasión,
y la persuasión no es una ciencia, sino un arte.
(William Bernbac).

La grafología en publicidad es utilizada cada vez más por diversas marcas, ya que sirve para atraer a los consumidores y provocar cierta persuasión haciendo más atractivos tanto la empresa como el producto.

En este caso, los grafólogos tenemos en cuenta los parámetros de la escritura en el diseño gráfico de la misma, así como el uso del color y la ubicación de la firma.

Si aprecian el logotipo de LACOSTE, el hecho de que el cocodrilo este proyectado mirando hacia la zona de la derecha no es casualidad, ya que de manera inconsciente la derecha se relaciona con el avance, el futuro y lo nuevo.

En cuanto a las letras, predominan las formas curvas y centradas, con el uso del color blanco y negro que indica equilibrio, cortesía y claridad. Un logotipo que revela elegancia y transparencia.

Logotipo de Lacoste

Logotipo de Disney. Letra regresiva

Firma manuscrita de Walt Disney

Otro logotipo que es de sumo interés y que guarda cierta similitud con la firma auténtica de su creador es la marca Walt Disney, que se caracteriza por tener exceso de formas curvas y trazos regresivos, que de algún modo son zonas que nos recuerdan a la infancia.

Al comparar el logo con su firma se puede contemplar cómo mantiene el exceso de formas curvas que manifiestan imaginación y sensibilidad, así como una inclinación centrada de las letras. Una firma que refleja emotividad, fantasía y control.

En cuanto al uso del color utilizado, nos aportará un significado que también nos transmite una sensación:

AZUL: Se relaciona con la emoción, la lealtad, la tranquilidad, la paz y la nostalgia. El exceso de color azul puede alertarnos de cierta tristeza o pasividad. Es un color hipotensor. En publicidad se suele usar en marcas que anuncian salud, tranquilidad o relajación, como por ejemplo la marca NIVEA.

ROJO: Se asocia a la pasión, la impulsividad, la fuerza de voluntad, la energía. Es un color hipertensor. En publicidad se suele emplear en marcas de alimentos o bebidas enérgicas como Coca-Cola.

VERDE: Representa la naturaleza, la esperanza, la autoafirmación, deseos de autosuficiencia, constancia, salud, comunicación y firmeza. Su uso en publicidad es recomendable en productos relacionados con viajes, conexiones, salud o gimnasios, como por ejemplo el logotipo de Whatsapp o NaturyBio.

AMARILLO: Nos indica la actitud ante el futuro, expectación, claridad, brillo, inteligencia, optimismo, ilusión. Representa el día, el cambio, la alegría. Es un color al que muchas veces no quieren recurrir los publicistas en marcas españolas por asociarlo a la mala suerte, pero desde el enfoque psicológico es un buen color para firmas de productos infantiles, marcas de papelería o vinculados al juego y la mente. Es el caso de la letra «M», de McDonald's.

MARRÓN: Se asocia a lo terrenal, al realismo, a las necesidades básicas, y el materialismo. Es un color que se utiliza poco en publicidad porque psicológicamente también se relaciona con carencias materiales. Su uso se aplica en marcas de productos de alimentos que contienen su color, como el chocolate o el café, pero casi siempre lo combinan con otros tonos. Una marca de chocolate que usa el color marrón es Paladín.

NEGRO: Representa la negación, el silencio, la exclusividad , el lujo y la discreción. El exceso del color negro puede llegar a tener un componente agresivo y angustioso, pero si se combina con otros colores haciendo contraste, como el blanco refleja honestidad, elegancia y claridad. Es un color que se ha utilizado mucho en firmas de ropa, como la marca Chanel.

BLANCO: Simboliza la pureza, la ingenuidad, la paz, al ser un color que denota transparencia se ha utilizado con mucha frecuencia en marcas de todo tipo, combinándolo con otros colores como la marca Nike o Sony.

NARANJA: Se asocia a la fuerza, la energía y la determinación. El uso de este color ha sido recurrente en marcas de vehículos y al igual que el rojo en productos o alimentos energéticos como Fanta, que lo combina con el azul.

VIOLETA: Representa el cambio, lo ideal, lo místico y la rebeldía. Es un color que se emplea en marcas que van destinadas a un público joven, así como en artículos espirituales. El uso de este color en el partido político de Podemos no es casualidad, ya que de algún modo es un partido que se dirigía a la juventud.

ROSA: Simboliza el amor, la ingenuidad y lo femenino. Es un color habitual en productos para mujeres o de belleza, aunque cada vez se utiliza en marcas de ropa unisex, para romper con los tabúes de diferencias de género. Se ha utilizado en la marca Cosmopolitan.

GRIS: Representa la indiferencia, la frialdad y la reserva. Al ser un color que también se asocia a la ambigüedad no es muy utilizado en marcas, pero su uso es aconsejable en logos de firmas de ropa de ejecutivos o marcas de coche ya que también denota seriedad y objetividad. Una marca que lo ha empleado es Audi.

Si analizamos los anuncios publicitarios o las firmas de productos que nos rodean, os daréis cuenta de la importancia de la psicografología en su uso y cómo inconscientemente la imagen que proyecta el diseño gráfico nos puede evocar un montón de sensaciones.
Un método que está a la orden del día y que forma parte de la grafología más cotidiana.

EL RETORNO DE LA CALIGRAFÍA.
EL USO DE LA ESCRITURA MANUSCRITA
EN INVITACIONES Y EVENTOS

La vida es como una piñata en una fiesta: nunca sabes lo que te va a saltar.
(Grim Marshal).

Paradójicamente escribimos menos a mano pero el uso de la escritura caligráfica está en auge en las invitaciones y eventos del siglo XXI.

El empleo de la grafología desde el punto de vista publicitario también abarca la comunicación de eventos, ya que se usa como carta de presentación. Es una manera consciente y simbólica de querer mostrar la mejor versión de los anfitriones.

En estos casos, los grafólogos solemos recomendar una fuente de letras que persiga la estética, la claridad y el orden.

Escritos en una boda

Desde el enfoque de la psicografología es aconsejable que sean letras con formas ovaladas y legibles, ya que la curva se asocia a la amabilidad, la dulzura y la sociabilidad. También es bueno alternar tipos de letras diferentes y combinar colores para dar ritmo y juego a la grafía.

El uso de la escritura manuscrita no se queda aquí, también se aplica a las invitaciones.

Es el caso de la invitación de boda de Tamara Falcó (hija Isabel Preysler) y de su cónyuge Iñigo Onieva, que se divulgó en diversos medios. Se apreciaba una letra que simula a la escritura manuscrita.

Fragmento de la invitación de boda de Tamara Falcó e Iñigo Onieva

La grafía que prevalece guarda bastante similitud con la escritura del novio y en ella aparecen pies pronunciados con un trazo firme y tendencia a alargar los finales del escrito. Gestos que revelan pragmatismo, cautela, actividad y elegancia.

EL AUGE DE LA ESCRITURA MANUSCRITA EN LOS TATUAJES

> *Los tatuajes son las historias del corazón, escritas en tu piel.*
> *(Charles De Lint).*

La historia del tatuaje se remonta a hace más de 5000 años. Las fuentes revelan que, por aquel entonces, el ser humano se tatuaba por motivos místicos o para expresar símbolos de lucha. Durante la Edad Media el catolicismo empezó a asociar el tatuaje con el diablo y la sociedad lo censuró porque lo relacionaban con la delincuencia y criminalidad.

En el siglo XVIII el capitán y explorador James Cook trajo su uso a Europa, ya que en las islas de Polinesia y Tahití se practicaba abiertamente el hecho de tatuarse, y lo denomino *tatau* que en el idioma polinesio significa marcar. Su popularidad fue en aumento en Europa y América del Norte y a finales del siglo XIX en Londres se abrió el primer estudio de tatuajes.

Tras la Segunda Guerra Mundial su uso fue frecuente entre soldados y marineros, que lo usaban para identificarse, pero tras finalizar la guerra la sociedad lo relacionó de nuevo con clases marginales.

La moda *hippie* de los años 60 resucitó la cultura de los *tattoos* con dibujos de colores alegres y vivos, desde entonces su popularidad fue en aumento. En las décadas posteriores, las corrientes del rock y el heavy metal de los años 80 y 90 también generaron que se tintasen la piel con tatuajes grandes y de colores más oscuros.

En la actualidad, la tendencia sigue viva, pero también su eliminación, ya que tras la creación del láser muchas personas han decidido borrarlos. No obstante, es curioso cómo en los últimos años se ha puesto de moda el uso de la escritura manuscrita en los mismos, optando por mensajes con grafías, simulando que son de su puño y letra. Esta tendencia, es un gesto que muestra nostalgia, pero también originalidad, ya que nuestra letra es nuestra huella gráfica.

A modo anecdótico os contaré que más de una vez me han pedido que analice la grafía que aparece en un tatuaje y no en una firma. El simple hecho de elegir un tipo de escritura para tintarnos la piel también se identifica con un estado emocional o una imagen que queremos proyectar a los otros.

Para que lo puedan comprender, en la siguiente imagen aparece la grafía de un tatuaje que, de algún modo, proyecta la identidad que esa persona desea mostrar al exterior. En estos casos, al igual que cuando analizo un escrito no tengo en cuenta el contenido del mensaje, sino los parámetros de la escritura que aparecen en el mismo.

Si observan la grafía escogida se asemeja bastante a una escritura manuscrita, con formas mixtas, pies prolongados y apertura de algunas letras por la zona superior. Estos trazos indican deseos de avance y persecución de objetivos, de algún modo la persona desea transmitir que es capaz de llevar a la práctica todo aquello que se propone.

Cabe destacar la falsa unión entre la «u» y la «n», gesto habitual en los tatuajes, ya que el tatuador muchas veces debe parar para seguir dibujando o escribiendo sobre la piel. En estos casos no tengo en cuenta el significado que en un escrito normal tendría una falsa unión.

La necesidad del ser humano por querer proyectar mensajes que recogen sus vivencias y exhibirlos en distintas zonas de su cuerpo hacen que, una vez más, pueda ceñirme a la idea de que la escritura manuscrita sigue viva.

EL APOGEO DE LA GRAFOTERAPIA
Y EL *LETTERING* EN LA ERA DIGITAL

La tarea más difícil en la vida es la de cambiarse a uno mismo.
(Nelson Mandela).

El hecho de escribir menos a mano ha potenciado que la gente se interese por encontrar herramientas a través de su letra que les permita mejorar su caligrafía e incluso a cambiar aspectos de su personalidad.

Una de las terapias que están en auge en la era digital es la grafoterapia que, como he mencionado en otros capítulos, se ha usado por psicólogos forenses. Pero, desde mi punto de vista, su uso es más efectivo en niños y adolescentes, ya que todavía no tienen la escritura formada y están más receptivos al cambio.

La reeducación de la escritura consiste en ejecutar una serie de ejercicios que el grafólogo considere, para así generar cambios en la conducta de una persona. A mi modo de ver, la edad aconsejable para trabajar esta herramienta es a partir de los diez años, pero también se puede usar antes, así como en adultos que quieran transformar actitudes o comportamientos que consideran perjudiciales. La grafoterapia permite tratar problemas de ansiedad, impaciencia, corregir la mala letra, aumentar la concentración, mejorar la memoria, el orden, etc.

Antes de reeducar la escritura, el grafólogo debe trabajar el autoconocimiento con esa persona y descubrir cómo es o qué aspectos debe trabajar, ya que en muchas ocasiones el niño o el adulto quieren cambiar sin antes conocerse. Por eso es beneficioso realizar un informe grafológico de su letra antes de someterse a la grafoterapia.

En el caso de los niños es bueno hacerles ver cuáles son sus habilidades y defectos, y una vez lo descubran podrán mejorar a través de la reeducación de su escritura algunas de sus conductas.

A medida que los gestos gráficos se han automatizado e interiorizado, la persona empieza a notar transformaciones tanto en su escritura como en su comportamiento. Es un método fascinante que nos permite trabajar el autoconocimiento y moldear la actitud que tenemos ante la vida de una manera natural y evolutiva, no se trata de cambiar nuestra esencia, sino la actitud.

Otra de las técnicas que se ha puesto de moda en las nuevas generaciones es el uso del *lettering*. que es el arte de dibujar letras. Esta herramienta nace de la caligrafía, pero en estos casos no se escribe, se dibuja y se persigue la estética para potenciar las habilidades artísticas de un niño o un adulto.

Sus beneficios son similares a los que encontramos cuando escribimos. De algún modo se incentiva la memoria, el cerebro, la concentración, la creatividad, la paciencia y la psicomotricidad gráfica.

Desde el enfoque de la psicografología, las plantillas guardan cierta relación con la grafoterapia, ya que las formas que predominan suelen ser curvas y amplias. Trazos que potencian la sociabilidad y la dulzura.

Plantilla de lettering

El uso del *lettering* como la reeducación gráfica está en aumento en las nuevas generaciones, ya que se ha demostrado que sus efectos son favorables y les hacen huir por un instante de las pantallas táctiles y los medios digitales.

Y después de varias noches de insomnio, me encuentro escribiendo estos renglones para despedirme del viaje fascinante que para mí ha significado escribir este libro. Un desenlace donde, una vez más, como grafóloga me pregunto:

¿La escritura manuscrita está llegando a su fin?

Quizás me aventure a decir que la escritura es inmortal. Y esto os lo cuento mientras observo algunos escritos de aquellos que ya no están; busco en mi cajón y contemplo una tarjeta donde mi abuela firmaba con su nombre para felicitarme un cumpleaños. Sigo removiendo y presencio una dedicatoria en la que mi abuelo me recordaba lo mucho que me quería. Escritos de puño y letra, repletos de emociones que, al apreciarlos, no solo observo el contenido del mensaje que me querían transmitir, sino que me emociona pensar que, a través de sus letras, también les contemplo a ellos.

Somos personas y cuando sentimos necesitamos recurrir a nuestra naturaleza, huyendo por un instante de la indolencia que se encuentra en los medios digitales. Por eso, en pleno siglo xxi, cuando queremos manifestar nuestras sensaciones a alguien recurrimos a la escritura manuscrita.

Escribir es un arte y el arte es eterno, como también lo es conocer a las personas a través de las letras que les desnudan y nos revelan quiénes son.

Todos nos iremos, pero nuestra huella gráfica perdurará en la magia de nuestras letras. Por eso, no dejen de escribir a mano, porque vuestra esencia, al igual que vuestra letra son irremplazables, y porque así nunca serán olvidados.

Lo efímero se hace inmortal en la escritura y espero que, a través de este libro, lo hayan podido comprobar.

Bibliografía y fuentes

(Ordenadas por importancia)

Método de enseñanza y análisis del Instituto de Psicografología y Peritación de Madrid.

José Javier Simón, *Grafología fácil.* Ediciones Temas de Hoy, ESOTERIKA (1994).

Augusto Vels. *Grafología de la A a la Z.* Editorial Herder (2007).

Sandra María Cerro Jiménez. *Grafología Pedagógica.* Narcea Ediciones (2010)

Ana Fernández Pardo. *Eso no estaba en mi libro de Historia de la Casa Real Española.* Editorial Almuzara (2022).

Guillermo Gortázar. *El secreto de Franco. La transición revisada.* Editorial Renacimiento (2023)

Monald&Sorti. *Secretum.* Editorial Salamandra (2006).

Sigmund Freud. *Introducción al psicoanálisis.* Alianza Editorial (2011).

Johan Wolfgang Van Goethe. *Las desventuras del joven Werther.* Ediciones Cátedra (2005).

José Javier Simón. *Todo sobre firmas.* Editorial Libros Cúpula (2014).

Manuel Chaves Nogales. *Juan Belmonte.* Alianza Editorial. (2012)

Albert E. Hughes. *Guía práctica de Grafología.* Editorial Edaf (1997).

Clara Tahoces. *Lo esencial de la Grafología.* Editorial Luciérnaga (2023).

Francisco García Junco. *Eso no estaba en mi libro de Historia de España.* Editorial Almuzara (2019).

Susana Tesouro de Grosso. *Grafología emocional.* Editorial Kier (2019).

Matilde Ras. *La inteligencia y la cultura en el grafismo.* Los autógrafos célebres. Editorial Labor (1945).

Josep Fábregas. *Diálogo con letras. El arte de interpretar tu firma y tu escritura.* Mtm Editorial (2000).

Maurucio Xandró. *Grafología elemental.* Herder (1994).

Gabriela Béduchaud. *Grafología: un enfoque psicoespiritual.* Editorial Albatros (2007).

Albert Manfred. *Napoleón Bonaparte*. Ediciones Akal (2023).

Ian Gibson. *Lorca-Dalí*. Editorial Debolsillo. (2016).

Oscar Venturini. *Pericia Caligráfica Grafológica*. Editorial Eos (2005).

Marc Caellas. *Notas de suicidio*. Ediciones La uña Rota (2022).

Luis Yañez Abelaira. *Reflexiones: 650 personajes importantes y famosos de la historia*. Editorial Vivelibre (2023).

Carlos Muñoz Espinalt. *Grafología*. Editorial Dux (2010).

María del Rocío Gómez Hermoso. *Manual de psicología forense*. Editorial Desclée de Brouwer (2021).

Mario Satz. *Los calígrafos*. Escuela de Misterios Ediciones (2012).

Michael Kerrigan. *Grandes dictadores del siglo XX*. Editorial Edimat (2019)

Paul Alexander. *Magia cruda. Una biografía de Sylvia Plath*. Editorial Barlin Libros (2023).

Alberto Goldman. *Las muchas vidas de John Lennon*. Editorial Debolsillo (2020).

Francisco Villar Cabeza. *Morir antes del suicidio*. Editorial Herder (2022).

Isabel Sánchez Bernuy. *Grafoterapia y Grafoestima*. Editorial Giunti Psychometrics SLU (2009).

Iván Caiña Trigas. *40 recetas de caligrafía y lettering*. Editorial Zenith (2022).

Beatriz Valderrama. *Desarrollo de competencias en mentoring y coaching*. Editorial Pearson Educación (2009).

José María Buceta. *Psicología del coaching*. Editorial Dykinson (2019).

José Villacis. *Grafología del crimen y de la locura*. Lekla Ediciones (2011).

Carl Gustav Jung. *Lo inconsciente*. Editorial Losada (2018).

Jean Piaget. *La psicología de la inteligencia*. Editorial siglo XXI Argentina (2018).

Mara Dierssen. *El cerebro del artista: La creatividad desde la neurociencia*. Editorial Shackleton books (2019).

Edwardo O. Wilson. *Los orígenes de la creatividad humana*. Editorial Crítica (2018).

Mauricio Xandró. *El análisis grafológico sencillo*. Editorial Xandro (1999).

Erwin Rohde. *Psique: La idea del alma y la inmortalidad*. Editorial: Fondo de cultura económica de España (2009).

Daniel Kahneman. *Pensar rápido, pensar despacio*. Editorial Debolsillo (2013).

Pascual García. *El lugar de la escritura*. Universidad de Murcia (2004).

Matilde Ras. *Historia de la escritura y grafología*. Editorial Maxtor (2005).

Julio Caro Baroja. *Las falsificaciones de la historia*. Editorial Seix Barral (1992).

Dora Bakucz. *Reescrituras y falsificaciones*. Editorial Verbum (2016).

Carlos Espino Bermell. *El testamento ológrafo*. Editorial Reus (2018).

Antonio Malo Pe. *Introducción a la psicología*. Editorial Eunsa (2007).

Javier Urra. *Arte y psicología*. Ediciones Morata S.L (2021).

Anne Varichon. *Colores. Historia de su significado y fabricación*. Editorial GG (2018).

Jordi Garriga. *La vida secreta de los tatuajes*. Editorial Hoaki (2022).

Emile Durkheim. *Educación y sociología*. Editorial Popular (2023).

Luis Aguado. *La mente de la tribu*. Alianza Editorial (2022).

José Saramago. *Manual de pintura y caligrafía*. Editorial Debolsillo (2015).

José Luis Melero. *Escritores y escrituras*. Editorial Xordica (2012).

Jimena Tierra. *Escritura creativa con Inteligencia Artificial*. Editatum (2023).

Eli Bartra. *Frida Kahlo: Mujer, ideología y arte*. Editorial Icaria (2003).

Serguei Eisenstsein. *Walt Disney*. Editorial Casimilo (2018).

Javier Ortega. *Eso no estaba en mi libro de la historia del cine*. Editorial Almuzara (2022).

Alan Lightman. *Los sueños de Eisntein*. Editorial Libros del Asteroide (2019).

Albert Speer. *Memorias*. Editorial Acantilado (2001).

José María Solé. *Los reyes infieles*. La Esfera de los Libros (2022).

Mercè Viana. *En Madrid con los Austrias*. Dylar Ediciones (2012).

Marta Cibelina. *Los Borbones y el sexo*. La Esfera de los Libros (2021).

Xavier Casals. *Franco y los Borbones*. Editorial Ariel (2019).

Jesús Ordovás. *John Lennon*. Sílex Ediciones (2014).

César de La Lama. *Otros personajes que hacen época*. Editorial Atlantis (2017).

Andreu Navarra. *La escritura y el poder*. Tusquets Editores (2018).

Louis Jean Calvet. *Historia de la escritura*. Ediciones Paidós (2001).

José Luis Alonso de Santos. *La escritura dramática*. Castalia Ediciones (2022).

Trish Hall. *Manual de escritura para persuadir*. Editorial Almuzara (2021).

Tania Robles. *Historiadoras negadas*. Editorial Fundamentos (2020).

Ernest Junger. *El autor y la escritura*. Editorial Gedisa (2014).

Emilio Lledo. *El silencio de la escritura*. Editorial Espasa Libros (2011).

Ignacio Iglesias Colillas. *Psicosis y escritura*. Editorial Pensodromo (2022).

Ricardo Yañez. *Nueva escritura sumaria*. Editorial Vaso Roto (2011).

Antonio Bustillos López. *Psicología Social*. Editorial Sanz y Torres (2024).

Javier Urra. *La huella del silencio*. Ediciones Morata (2018).

Francisco Fernández. *Sociología de la Educación*. Editorial Pearson Educación (2003).

Miguel de Unamuno. *Amor y pedagogía*. Editorial Verbum (2021).

Francisco Mora. *Neuroeducación y lectura*. Alianza Editorial (2020).

Bruce E. Wampold. *El gran debate de la psicoterapia*. Eleftheria (2021).

César Alcalá, Abigail Mora. *Perfiles psiquiátricos de hombres asesinos*. Editorial Sekotia (2021).

César Alcalá. *Perfiles psiquiátricos de niños asesinos*. Editorial Almuzara (2023).

Eva Heller. *Psicología del color*. Editorial GG (2004).

José Martín Ovejero. *Tú habla, que yo te leo*. Editorial Aguilar (2019).

Sallie Nichols. *Jung y el tarot*. Editorial Kairós (1989).

Shaun Usher. *Listas memorables*. Editorial Salamandra (2015).

Donald W. Winnicott. *Escritos de pediatría y psicoanálisis*. Ediciones Paidós (1999).

César Antonio Molina. *Las democracias suicidas y otros escritos de política*. Editorial Forcola (2019).

Carlos Blanco Escola. *Emperadores*. Editorial Planeta (2007).

Pablo Méndez. *Parejas por dentro*. Ediciones Vitruvio (2017).

Matilde Priante. *Aprender Grafología*. Ediciones Paidós (2007).

Masha Gessen. *El hombre sin rostro*. Editorial Debate (2012).